U1006779

我与兵团有个约定

一位大学教师的援疆日志

石红梅 著

江苏凤凰教育出版社
Phoenix Education Publishing, Ltd

石红梅

山东沂水人，南京大学博士，现为南京大学终身教育学院副院长。教育部第九批援疆干部，2017 年 9 月至 2020 年 9 月期间，先后任新疆生产建设兵团援疆办（经协办）联络信息处副处长、发展和改革委员会援疆工作处（开放合作处）副处长。2018 年被评为兵团“民族团结一家亲”和民族团结联谊活动先进个人，2020 年 9 月被授予第九批中央和国家机关、中央企业优秀援疆干部人才并记二等功。

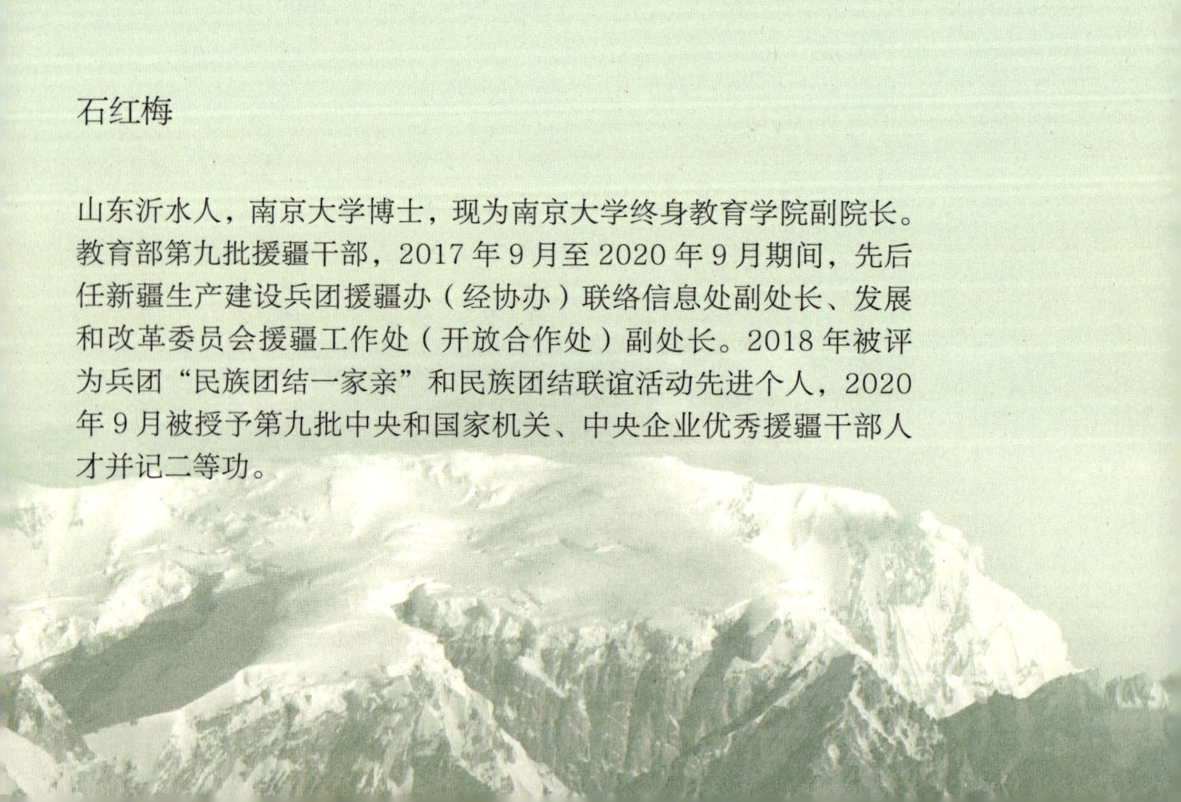

读罢南京大学教师石红梅博士的援疆日志《我与兵团有个约定》，深感中国援疆工程之伟大，援疆干部之可爱，援疆精神之宝贵。红梅同志用细腻的文字、朴实的语言、真挚的情感，为我们描绘了她的援疆历程和所见所闻。这本书不仅是她对自己奋力拼搏的人生和不懈追求的事业的一次激情追忆，更是对党的民族政策和新疆改革开放发展成就的真情讴歌和由衷赞美……红梅同志因援疆作出突出贡献而荣立二等功，她恰似一朵昂首怒放、香飘祖国边疆的“钟山”红梅。

“三年援疆情，一生兵团人。”长期以来，无数像红梅同志这样的援疆干部，怀揣最美好的情感，用最实际的行动，在西部边陲为祖国的繁荣、民族的团结、人民的幸福，用青春与热血书写了人生中最精彩的一个篇章。他们的奋斗，不仅记录在了这本援疆日志里，也永远珍藏在了每一位援疆干部和广大新疆各族人民群众的心里。

这本援疆日志，深情讴歌了对口援疆这项伟大工程。不到新疆不知中国之大，不到新疆不知国家利益之重。可以说，没有新疆的安全稳定，就没有全国的安全稳定；没有新疆的脱贫致富，就没有全国的共同富裕。对口援疆是国家战略，是打赢脱贫攻坚战、全面建成小康社会的迫切需要，是实现新疆社会稳定和长治久安总目标

的重要举措，是促进各民族交往交流交融的重要载体，是彰显社会主义制度优越性的重要实践。自1997年开始，对口援疆从干部援疆逐步扩展为干部支援和经济对口支援相结合，援疆成效日益突显。国家有需要，南大有行动。2001年，教育部启动实施了“对口支援西部地区高等学校计划”，南京大学积极响应、参与教育援疆，为支援西部建设派出了一批又一批以红梅同志为代表的优秀教师和学生，将汗水与希望播撒在祖国西部这片热土上。他们心怀家国，身体力行，“嚼得菜根，做得大事”，通过自己的辛勤努力，为实现边疆脱贫、建设大美新疆贡献了智慧和力量。

这本援疆日志，深入描绘了援疆干部这群可敬之人。援疆，关键是人才。近年来，全国19个援疆省市全面加强对口支援，先后选派各级各类干部近万人赴疆工作，柔性引进援疆人才超过5万人。作为援疆干部之一，红梅同志发扬螺丝钉精神，数易工作岗位，哪里需要到哪里，把对党和人民事业的无限忠诚和对工作的无比热情投入到边疆的建设与发展中。援疆期间，她先后牵头组织由800多位企业家参加的“北京产业推介会”，签约金额1 150亿人民币；整合集成全国对口援疆信息，开展调研提出对策优化了营商环境；参与中央企业与19个援疆省市国有企业助力脱贫攻坚推进会及第七次全国对口支援新疆工作会议筹备工作……充分彰显了责任与担当。“同样的感受，给了我们同样的渴望；同样的欢乐，给了我们同一首歌。”带着同样的信念和责任，红梅同志和其他援疆干部告别熟悉的工作环境，告别亲朋好友，从祖国四面八方汇聚到乌鲁木齐，再分散到新疆各地，捧着一颗心来，不带半根草去，把援疆工作做得有声有色。“虚怀千秋功过，笑傲严冬霜雪”，他们当之无愧是新时代的可敬之人。

这本援疆日志，深切唱响了援疆精神这首动人之歌。在“沙漠的最边缘，绿洲的最外围，风口的最顶端，边境的最前线”，驻守着最早的援疆者——新疆生产建设兵团。从 20 世纪 50 年代开始，兵团人几十年如一日，扎根大漠戈壁滩屯垦戍边，一边守卫国家边防，一边维护国家统一和新疆社会稳定。“热爱祖国、无私奉献、艰苦创业、开拓进取”是兵团精神的核心内涵，也是援疆干部们的精神向导。知行合一，行胜于言。红梅同志将援疆精神化为行动，在推进各类援疆项目落实落地之余，发挥专业优势创造性地开展工作，撰写了近 4 万字的《强化制度建设　提高依法行政水平》的讲义，并面向新疆生产建设兵团 14 个师市的发改委系统开展电视讲座，为兵团发改委系统依法行政、科学行政、高效行政长效机制的建立作出了重要贡献。“繁霜尽是心头血，洒向千峰秋叶丹”，援疆干部们以援疆精神为指引，用无私的奉献之情、澎湃的创新之魂、进取的奋斗之心，在新疆大地谱写了一首忠诚于党、热爱祖国、热爱新疆、热爱新疆各族人民的援疆之歌。

这本援疆日志，深淳赞美了民族团结这种浓浓情谊。160 万平方公里的新疆，生活着 47 个民族，其中世居民族就有 13 个，民族多样性是新疆最大的特点，开展“民族团结一家亲”活动是新疆的首要任务。援疆中，每一位援疆干部都会走进不同的少数民族家庭，与他们结成亲友。无论是在草原，还是在戈壁，抑或是在大漠，纯朴善良、热情好客的少数民族乡亲，永远是援疆干部眼中最美的风景。“新疆是个好地方”，这里和平安宁、幸福和谐的美好生活，来自新疆各民族的齐心团结，来自新疆老百姓的共同奋斗。像爱护自己的眼睛一样爱护民族团结，像珍视自己的生命一样珍视民族团结，像石榴籽那样紧紧抱在一起，这本小小的日志，处处体现着新疆各民族的互敬互爱、守望相助，处处洋溢着浓浓的民族情谊。

雄关漫道真如铁，而今迈步从头越。2021 年年初，我国正式宣告完成了全面脱贫任务，7 月又迎来了中国共产党成立 100 周年，2022 年 10 月，还将喜迎党的二十大。盛世必写华章。我们要坚持以习近平新时代中国特色社会主义思想为指导，完整准确贯彻新时代党的治疆方略，牢牢扭住新疆工作总目标，依法治疆、团结稳疆、文化润疆、富民兴疆、长期建疆。南京大学将认真贯彻总书记要求和国家战略部署，在加快建设“第一个南大”的同时，一如既往积极支持、努力参与教育援疆，培养更多勇担复兴大任的时代新人，为建设美丽新疆、加快推进教育现代化、建设教育强国、办好人民满意的教育作出自己的贡献。

胡金波

自　序

“对于许多人，新疆像一个朦胧的传说，神秘而遥远，对这块大地、这里的人们、这边的风情，充满了想象，习惯了俯视，还有些漠然。而我的故事，就是一扇虚掩的门，打开来，里面一群群不同民族的新疆人，述说着中华民族的传奇，那些真善美就在人间。”这是“疆二代”作家鞠利在《驻村兄弟》的自序中的一段话。

如果没有2017年那个改变自己人生的决定，我就跟大多数人一样，对新疆的所有印象只有“大美新疆”。

2017年9月，我成为教育部第九批援疆教师中的一员，和援友们一起踏上了新疆这片祖国最为广袤的大地，走进了新疆生产建设兵团这个充满传奇色彩的组织，就像是推开了那扇虚掩的门，真真实实地走了进去。从此，那些作品里的人物就在自己的身边来来往往，那些作品里的故事就成为自己生活里的一部分，自己也成了那些故事里的人物。

三年时光，在时间的长河里如白驹过隙，可对个人而言却不是电光石火，尤其是远离家乡、远离亲人、远赴边疆的三年。

这三年，是新疆历史发生巨大转折的三年，我们作为第九批援疆干部人才，赶上了前所未有的历史机遇与挑战。我们参与并见证了新疆经济社会发展和民生改善所取得的前所未有的成就；我们参与并见证了兵团发挥先进生产力和先进文化的优势，成为建设大美新疆和现代生活方式、文明行为的积极倡导力量；我们见证了兵团转变“政”的职能，彰显“军”的属性，发挥“兵”的作用；我们见证了兵团向南发展成为兵团最强音，团场改革活力焕发效果显现，国资国企改革破浪前行。兵团的特殊优势和发展活力正在释放，正如南京大学校歌所唱“如日方暾”，就像初升的太阳照耀长空。

这个成绩的取得离不开新疆各族群众的携手共进，离不开兵团广大干部的长期奉献，离不开无数批援疆干部人才的真情付出，我为自己是其中的一分子而感到骄傲。

这三年，从课本到实践，从校园到田野，从秀美的江南到西北南疆的兵团农场，我发生了脱胎换骨的变化，我的灵魂一次次被这片土地上的人和事所震撼，思想上经受了一次深刻的洗礼，人生目标愈发清晰，人生道路趋于辽阔。

2020年9月，我们第九批援疆干部人才完成援疆任务，告别新疆，暂别兵团。身在其中时，就像随着塔里木河的洪流勇往直前，未曾驻足好好品味，直到要离开时，才意识到这段经历如此真实生动地发生过，才知道这三年在自己的生命里留下了什么样的印记。

“三年援疆情，一生兵团人”承载了我对这片土地的无限眷念，在新疆，在兵团，被激燃的家国情怀更是一份沉甸甸的使命和担当。

远去千里，回首深情仍近。

犹记得兵团发展和改革委欢送我们时，孙涛主任泪流满面地为我们朗诵了兵团王君正政委的《七律 · 送援疆干部凯旋》：

书生意气岂言愁，边关万里写春秋。
殚精竭虑报国是，鞠躬尽瘁心不休。
八方征战风雨急，梦里相见乡音久。
百年岁月多感慨，惟见江河万古流。

犹记得离别前夕，我告诉在东风农场结对的亲戚玉苏甫哥哥和努尔艾力侄子，我要离开新疆了，但是我还会回来的，因为我要带我的女儿来东风农场，来认亲戚。

犹记得2018年10月23日的晚上，经常结伴去东风农场参加“民族团结一家亲”活动的三位援友在东风农场约定：“结束援疆之后，三人相约一年一期，相聚在东风农场，一起看望亲戚。”

犹记得在兵团第九批中央和国家机关、中央企业援疆工作总结表彰大会上，兵团党委书记、政委王君正希望我们结束援疆、回到新的工作岗位后，一如既往地当好兵团的宣传员、联络员和服务员。

这是我和兵团的约定。

援疆是南京大学的一项重要工作，我能够参与这一项目，是学校对我的信任。这份信任，总是让我充满感激，并深知责任重大。出版援疆日志，分享成长历程，胡书记在百忙之中欣然命笔作序，最终使得这本书能与读者见面。

谨以此书，书写兵团传奇，讲述兵团人、援疆人的故事，献给兵团人和我的援疆战友们。

2020年12月于南京大学

目 录

我与兵团有个约定

目 录

我与兵团有个约定

捡起被时间碾碎的勇气

一切都是最好的安排

壹

2017年9月3日，启程的前一晚，我种的墨兰开了，心有不舍，于是写下了这样一段话："夜凉如水，花正开，人将去，此去经年路漫漫，相遇时分，流光可溯，启程。"

2017年是我的本命年，大学入学30年，毕业26年。在连云港市纪委工作过4年，在南京大学先后换了2个院系，1998年调至南京大学法学院工作了近20年，承担过至少5个岗位的工作。工作渐渐变得没有期待，没有挑战，日复一日的生活，一眼能看穿的未来。

有一天，我听到了一首歌，被其中一句歌词打动："捡起被时间碾碎的勇气，让双脚沾满清香的泥。"

坐在书桌前，我呆呆地望着电脑，想起法学院曾经多次派老师去新疆伊犁师范学院支教，心里冒出一个念头：我想去支教。

我对先生说出我的想法时，他看了我一眼，说了一句"神经"，便不再理我。我追着他问："为什么不行啊？20多岁的大学生都不想过充满惯性的生活，我为什么不可以改变一下生命的轨迹？"

有些事情或许就是命中注定。就在我有了这个念头的时候，学校征求我的意见，问我是否愿意出去挂职，包括支边。我回复了三个省内挂职的岗位，最后加了一句："支教优先。"

2017年6月，学校问我是否愿意去援疆。我刚好认识一位第八批中央机关的援疆干部，便问他："新疆那边怎么样？"他回答："挺好的。"就这样，我作出了援疆的决定。

出发前一直没敢告诉父母和兄长，也没告诉好友，担心自己会在反对的声音里迈不出第一步。最终，我选择去位于乌鲁木齐的兵团广播电视大学挂职，这是我和兵团的第一次交集，而那时候，兵团对我来说还是一个完全陌生的地方。

当年支持我读完博士学位，如今笑我"神经"的先生最终还是支持了我的援疆决定，然后就是等待。

夜幕下的乌鲁木齐

贰

那个来自新疆维吾尔自治区党委教育工委高校工作处，改变我人生轨迹的通知是2017年8月24日收到的，通知要求我们9月4日晚上8点前抵达乌鲁木齐地窝堡机场，受援学校会去机场接我们到新疆大学报到。之后，我又先后接到了兵团广播电视大学打来的两个电话，和我确认航班，安排接机事宜。

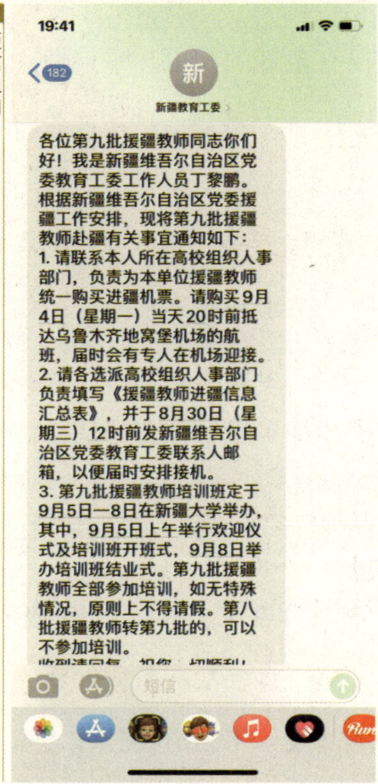

短信通知

行程在即，我必须面对父母和兄长了。

老爸80岁了，是一个有着20多年军龄的老兵。2009年我升职时，他说："好！可以更好地为人民服务了！"这一次，他说："好！支援西部建设！"

妈妈一开始也是反对的："都这么大年纪了，还去那么远的地方干什么？"最后她也拗不过我，说："你高兴就好啊！"

哥哥听说我要去援疆后，试图改变我的决定，当他发现那是徒劳的，只好嘱咐我务必注意安全。

我亲爱的女儿是不会反对我的，她是最懂我的一个人。

我决定在出发前不再告诉其他的亲朋好友和同事，因为我知道，一定会有不同的声音，会有不理解，会有误解，甚至会有反对的声音，而我不想向任何人解释自己的追求，也不试图说服任何人支持我的决定。我相信，一切都是最好的安排。

叁

出发前要做的准备有很多，即使很有条理的我也几乎崩溃。办公室的腾空，工作的交接，零零星星的，最后我将一些东西暂时存放在了同事处。

家里更是老大难，几乎从不过问家务的先生会找不到换季的衣服，不知道地是要扫的，桌子是要抹的，植物是要浇水的……如果我告诉他有空时要和植物交流一下，他一定会认为我疯了。我将他四季的衣服分门别类地收拾在柜子和抽屉里，教会他使用洗衣机……

然后是打包，大学毕业以后就没有这么久地离开过家，收好的行李因为超重又拆开，一直在做减法。都说“在家千日好，出门万事难”，出趟门恨不得把能带的都带上。一直生活在南方的我，西北零下20摄氏度的冬天，想想都不寒而栗，不知道要怎样才能抵御寒冷。

先生执意要送我去新疆。我说：“影响不好吧！”他说：“我送你去支边，应该表扬才对，哪里来的影响不好！”这一送我才知道，一切都是最好的安排。

壹

“劝君更尽一杯酒，西出阳关无故人。”同事与我话别时，关切地说：“一个人远离家乡，多保重啊！”

早已不是少年，却依旧无所畏惧，向往远方。飞机一路西行，经停银川时，我查看了一下地图，从南京到银川，再从银川到乌鲁木齐，天啊！我第一次意识到我这一次走得竟这么远。

出发前，一位刑法学教研室的同事把他的师兄推荐给我，也是第九批的援友。加了微信，了解到他在新疆维吾尔自治区高级人民法院挂职，这几天古尔邦节放假回北京了，等他返回乌鲁木齐时再相约一聚。

抵达乌鲁木齐的当天，接到了一个当地手机号码打来的电话，这也是我一整天接到的唯一一个电话，是南京大学同事在新疆大学法学院工作的大学同学打来的。

就这样，我被无数亲朋好友和学生托付给了他们在新疆的亲朋好友。

贰

先生的学生去机场接我们，这是一群维吾尔族学生，我们是第二次见面了。与我同行的还有去伊犁师范学院挂职的南京大学的曲继强老师。

第一次见这群维吾尔族学生是在2010年的暑假，那一次是我第一次走进新疆，是专程来旅游的。

这次恰逢古尔邦节，傍晚7点一抵达乌鲁木齐，学生们就把我们接到了一家具有维吾尔族特色的、名叫突玛丽斯的大饭店。桌上摆满了学生们自己带来的水果：蟠桃、西瓜、哈密瓜及各种品种的葡萄，还有切成小块的馕和小碟酸奶。

南京的饭点早已经过了，这里却还没有开吃，这提醒了我新疆和南京有2个小时的时差，我需要调整生物钟了。

馕是刚烤出来的，很香，蘸着酸奶吃更是别有风味。水果特别

和维吾尔族学生在南山

甜，有一种个头不大且近乎透明的葡萄叫无核白，甜得齁人。新疆有个特点，就是吃饱了才开始喝酒，喝的是半斤一瓶的伊犁小老窖。

不知不觉就过了子时，看着先生和这群学生开怀畅饮、载歌载舞的场景，我再次感受到了经历岁月却变得愈发浓厚的师生情。

叁

20年前，我和先生还住在南京大学南园的筒子楼，有一天晚上听到先生撇着新疆普通话在接电话，我很好奇，便问他在跟什么人通电话。原来南京大学化学化工学院曾经招收过一个新疆本科班，先生就是这个班的辅导员，那是1990年，29位维吾尔族学生进入南京大学化学系学习，毕业后都回到了新疆工作。

第一次见到这群学生时，我觉得他们的名字都很拗口，压根儿分不清谁是谁。这一次我终于能记住他们的名字了：艾尔肯、依布拉英、吾热古丽、热孜万古丽、卡萨尔、阿布力米提、夏热帕提、努尔、吾买尔江……也终于分清楚了大阿布、中阿布和小阿布。

大阿布和中阿布后来又到南京大学攻读博士学位，我们与他们在南京还见过几面，他们常常提起老师对他们的帮助。

那时候从来没有想过会有今天，我走进新疆，和他们一起建设家乡。

培训开始的前一天，我们就和这群维吾尔族学生待在一起。我们一起去了南山，沿着山涧溪流溯源而上，学生们烤的羊排、羊肉串美味无比，他们说那是因为新疆的羊吃的是中草药，喝的是山泉水，而我则觉得，还因为这份美味融入了维吾尔族学生那份独特的豪迈和热情。

这群90级的学生大多有两个孩子，大孩子基本上都在读大学，分别就读于北京大学、南京大学、中国科技大学、华中科技大学、南京理工大学、南京航空航天大学等高校。当年的班级生活委员艾尔肯对孩子们说："你们生活在这么好的时代，可以乘坐飞机去上学。我们当年从阿图什坐大巴，三天才能到达乌鲁木齐，然后再坐三天的"卧铺"（其实是躺在别人座位的底下）到北京学习语言，两年之后考到南京大学。"

看着他们把酒言欢，听着他们说以前的故事，我笑着对先生说："你哪里是来送我的啊，你分明是来看你的学生的。"那一刻，我意识到，所有的安排其实都是注定的，这一次看似不经意的援疆选择，其实在1990年时就已经埋下了伏笔。

壹

2017年9月7日，今日白露。暑气尽，秋风起。

9月的乌鲁木齐虽然已经是秋天，但是中午直射的阳光依然热气腾腾地将土地变成了蒸笼，可有树荫的地方却很凉快，温差有五六度，早晚风起，更是秋意浓。

第九批教育部的援疆教师们来自全国几十所部属高校和直属单位，近150人。和我同房间的是来自浙江大学的许老师，一位年轻的学者，未婚。她告诉我，是她的导师推荐和鼓动她来援疆的，他们同在一个课题组，援疆的挂职学校是塔里木大学，是位于南疆兵团

第九批高校援疆教师培训班开班式

的一所高校。

9月5日—8日上午，我们在新疆大学参加集中培训。通过培训，我对新疆、对兵团有了初步了解，对援疆使命有了清晰的认识，对新疆工作总目标“社会稳定和长治久安”有了深刻的领会，对如何恪守职责、完成使命多了一些思考。

踏上征程时，我觉得自己像个独自作战的勇士，手持长矛，骑着高马，克服艰难险阻，一路西行。来了之后，我才发现，自己并不是一个人在战斗。

9月7日上午为分组讨论，我所在的第五组，连我在内共有20位老师，大家的肺腑之言，让我感动。

晚上，新疆大学会议中心大厅的一盆昙花开放了，美得惊人，大家都说它是为我们第九批援疆教师绽放的。我记录下了这些援疆教师们带给我的感动，就像记录下了今晚盛开的昙花，昙花只会一现，这些感动却会长存。

贰

赵老师：一位来自中央司法警官学院的年轻教授，平日看起来冷峻、帅气，笑起来却很温和。他说除了旅游，自小从未离开过河北保定，接受援疆任务时，他心底油然而生光荣感和使命感。

邹老师、李老师：两位看起来特别年轻的“80后”教师，来自武汉大学，比我们大部队早半年到塔里木大学挂职，一个是计算机专业的，一个是考古专业的。他们向大家介绍了半年的所闻所见，分享了挂职心得。那么年轻，能够作出这样的选择，必须赞一个。

许老师：一个喜欢吃冰冻果冻的女孩。在我的眼里，她太年轻了，年轻得可以一个人走天涯。她说，去年的这个时候，她还一个人在欧洲漫步，今年的这个时候，就已经在乌鲁木齐了，后天则要启程去塔里木大学。组织部动员她来援疆时，问她哪年入党的。她说按照入党时间，她已经是一名“老”党员了，所以虽有实际困难，她还是接受组织安排，如期赴疆。

马老师：开班典礼那天，他穿着鲜艳的裤子和皮鞋站在主席台前面，请援友为他照相，说要向派出单位领导汇报。看到他的外形，我本以为他是搞艺术的，今天他用纯正的东北话介绍了自己的援疆经过后，我才知道他是东北林业大学经管学院的副教授，援疆是自己主动报名的，为的是“超越自我、实现自我、战胜自我”。当他讲到他二姨听到他要来新疆时抱着他大哭，大家都笑了。是啊，从东北到塔里木，可是有4 000多千米呢！

洪老师：南京大学环境学院的博士，是我的校友，现在是中国地质大学的副教授，年轻的外表下有着相当成熟的气质，说话条理分明，有领导风范，马上去塔里木大学研究生处挂职。他提到电影《战狼2》诉说了家国情怀。

王老师：北京化工大学副教授， 在塔里木大学生命科学学院挂职。王老师有一张特别阳光的脸庞，给人以邻家大男孩的感觉，热情大方，喜欢锻炼，傍晚去新疆大学红湖散步的时候，常常会遇见他。他看起来那么年轻，却已经是2个孩子的父亲了，小的孩子才5个月；他在学校的教学科研任务也很重，但是依然克服困难，接受了援疆任务。

杨老师：留学美国若干年，才回国不久，在中国社科院从事亚美尼亚文化研究，即将去塔里木大学挂职。他特别希望能专业对口，在援疆期间有所作为。小伙子充满个性，拥有年轻人特有的一腔热血，十分宝贵，这样的气质在年轻的学者中已不多见。研究动物医学的张老师勉励他："我们就是河流里的一滴水，目的是流到海洋里去。路途中会有障碍，我们要学会迂回曲折，最终流向大海。"

孟老师：来自北京国家自然科学基金会，本计划下一期再来援疆，却在9月2日突然接到援疆的正式通知，话未多说，按时报到。

王老师：陕西师范大学文学院女教授，身材曼妙，每天一袭连衣裙，年龄应该与我相仿，孩子上大三。她说她是冲着诗和远方来的，来到这里，她一定会体验到诗和远方的感觉。前一天她加我微信，与我聊天时，夸奖我日记写得好，说不愧是南京大学来的。那一刻，我着实感觉到了南京大学给予我的底气。我相信一个不吝惜赞美别人的女子本身就值得赞美，她的气质和她即将奔赴的石河子大学非常契合，石河子市是一座兵团城市，诗人艾青曾经在那里生活，并为那里写了一首诗——《年轻的城》。

李老师：西北农林科技大学研究葡萄酒的副教授。这是他第四次进疆，前三次是与企业合作，这一次是教育援疆，去石河子大学食品学院挂职。他说，育人是他此行最想做的事情。

张老师：第五组年龄最大的老师，西北农林科技大学动物医学院的副教授。他说，是一个机缘巧合让他选择了这一次新的人生体验。最感动我的是他的谦逊，以及他对后生的关爱有加。

卢老师：第一天就在群里看见他的头像，他和可爱的女儿一起，都戴着一顶红帽子。他在西北电子科技大学研究生工作部从事研究生管理工作，将去石河子大学信息科学与技术学院挂职。因为我也曾做过很长时间的研究生管理工作，对他自然多了一份亲切感。他的女儿今年刚上幼儿园，出发的那天正好是他女儿第一天上学，他将女儿送到幼儿园后，就直奔机场，飞来乌鲁木齐。

王老师：文质彬彬的、很儒雅的一位高级实验师，来自我曾经度过四年大学时光的重庆市，重庆大学建筑城规学院，即将去石河子大学水利建筑工程学院挂职。他是民主党派。学校在征求他意见时，要求他一个小时内答复，那时他爱人刚做完手术，还在恢复中，孩子又在外地上学，最开始他是犹豫的，但是作为一名老职工，最后他还是接受了组织的安排。他表示学习和调研要像搬运工那样，做好支援学校和受援学校的桥梁和纽带。

孔老师：华中农业大学的副教授，是研究西瓜和甜瓜的。他说他们院的党委书记是一个特别靠谱的领导，具有高尚的人格魅力。他怀疑自己不能完成任务。书记说："要去，你能行。"他问："真的能行吗？"书记答："真的行。"他觉得这是党对他这个普通群众的信任，他感到心潮澎湃。听了他援疆工作的打算，我发觉他是一个有想法、有规划的人，的确如他们书记说的，他能行。

黎老师：一位年轻有为的医生，华中科技大学同济医学院附属同济医院科室副主任、副教授、副主任医师。他认为自己的工作已进入一个瓶颈期，不满足于每天查房、看门诊、做肠胃镜，他曾经参加过博士团下乡。接到单位的援疆电话通知是7月月初某一天的上午10点40分，要求他上午11点半交表，他欣然答应。黎老师即将赴石河子大学挂职，他表示家人的支持是他援疆强有力的后盾。

董老师：上海交通大学的副教授，负责学校的创业创新教育，指导学生任务繁重。他夫人的工作地点离家100多千米，儿子才10岁，董老师需要每天自己接送孩子上下学。他说自己曾3次拒绝了外出挂职的任务，这一次接到任务后，他回家与儿子商量。儿子说：“组织派你去是光荣的事情，让我妈雇个司机每天接送我，你去吧！”他开玩笑地说，上海只有房子、孩子，没有情怀。我却从他10岁儿子的身上看见了情怀。

杨老师：大连理工大学的副教授，很年轻。报到的第一天，他就组织建立了第五组群。大家讨论时，他全程做记录。他谈及他的低谷期，谈及他获得成功时的喜悦，谈及选择援疆的过程和培训后的体会，谈及他今后的想法。认识一个人就从他的行为开始，看杨老师为大家、为组织做的事情，就知道他是怎样的一个人。

李老师：我们第五组的组长，在石河子大学被称为“发哥”，意为像周润发一样豪气。我对他尤其有亲近感，因为他是对外经贸大学法学院教授，研究保险法，他还认识我在南京大学的同事。他已经在石河子大学挂职两年了，这次转入了教育部第九批援疆计划。他说他要“仗剑走天涯”，要成为不良作风的防火墙。在他的身上，我看到了熟悉的法学学者的气质和担当，我必须由衷地为他竖起大拇指。

叁

“三人行必有我师”，第五组的其他19位老师都是我学习的榜样。今日记下这些感动，是为了几年后再回头看看我们的初心。大家来的原因有许多种，目的却只有一个，那就是教育援疆。

“为什么援疆？”“援疆干什么？”“离疆留什么？”这是我们必须回答的援疆之问。

9月8日中午，大家将奔赴各自挂职的学校，真正开始援疆的工作和生活。

祝愿各位援友，祝愿自己，一切顺利！

第五组的20位老师，我留在了乌鲁木齐，中央司法警官学院的赵老师去了位于昌吉的兵团警官专科学校，其他老师则分别去了石河子大学和塔里木大学。

将时间快进到2020年的6月19日，我们第五组的老师再次相聚在兵团党委组织的援疆干部总结交流会上，其中几位老师已经于一年半时轮换，大多数老师都坚持了三年。

相比三年前的我们，不变的是对理想信念的坚守，改变的是经历艰苦环境磨砺之后的成长。

壹

塔里木大学位于阿拉尔市，是一所具有光荣革命传统的学校，1958年10月，为了适应国家屯垦戍边事业和开发塔里木垦区对各类人才的需要，在时任农垦部部长王震将军的倡导和关怀下创办。

为了适应和促进西部地区经济社会的快速发展，2010年，教育部开启新一轮对口支援工作，采取超常规办法，加强对口支援新疆大学、石河子大学和塔里木大学。把服务和推进新疆跨越式发展及长治久安作为核心目标，使受援高校的教师队伍水平、人才培养质量、科研服务能力和高校管理水平得到明显提高。帮助新疆大学和石河子大学加快实现“西部先进、中亚一流、国际知名”高水平大学的建设目标；帮助塔里木大学的特色学科专业得到快速发展，整体办学能力迈上一个新台阶，使其成为支撑新疆经济社会跨越式发展的重要力量。

新一轮加强对口支援新疆大学、石河子大学、塔里木大学的工作，采用名校牵头，多所一流大学参与，高校团队化工作组的新模式进行。成立了清华大学（共10所高校）、北京大学（共9所高校）和中国农业大学（共5所高校）为组长单位的工作组，分别支援新疆大学、石河子大学和塔里木大学。

2018年10月，在塔里木大学援疆的老师们见证了这座沙漠戈壁中的大学建校60周年。

北京化工大学对口支援的塔里木大学生命科学学院获得了一级学科生物学博士点学位授权点，这是南疆首个博士学位培养点，它让来自北京化工大学的王老师对“国”“校”“家”有了全新的认识。

武汉大学历史学院的李老师，援疆的主要工作是调研塔里木盆地的文化遗产资源，当书本上熟悉的考古文化遗址如久别重逢的故友一般出现在他的面前时，他感受到自己的学术生涯因为援疆而进入了一片广阔的天地。随着足迹遍布天山南北，他越来越深刻地感受到各民族增强文化认同是实现新疆工作总目标的坚强保障。他说，新疆尤其是兵团考古文博事业的重要性，一是体现在“以文化人”，就是传播优秀中华传统文化；二是体现在“以文培元”，就是为新疆历史的正本清源提供证据。

武汉大学计算机系的邹老师，协调塔里木大学信息工程学院与武汉大学、浙江大学及华中农业大学在信息安全、农业遥感、生物信息等领域组建联合科研团队，申报并获批多项国家、自治区和兵团科技项目。

喜欢吃冰冻果冻的许老师，用诗表达了在疆时的奋进姿态：“日暮沙漠陲，力战烟尘里；忽使燕然上，惟留汉将功。”

离疆时，她又写下了：“致疆，致塔大，致援友：人生不相见，动如参与商。今夕复何夕，共此灯烛光。”

贰

石河子大学前身诞生于1949年9月中国人民解放军解放新疆的进军途中，1996年4月由石河子农学院、石河子医学院、兵团师范专科学校和兵团经济专科学校合并组建，是在荒芜之地建立起来的文化地标，2017年入选国家“双一流”（一流学科）建设高校，2018年入选教育部与兵团“部省合建”高校。

大连理工大学的杨老师每次回家，都被亲朋好友调侃：“自从你去援疆，都长胖了。”他则认真地告诉他们：“援疆三年，长得可不只是肉。援疆与其说是奉献，不如说是一个相互成全、相互成长的过程。三年援疆路虽然结束了，但是一生的援疆才刚刚开始。”

西北农林科技大学的李老师，援疆期间帮助石河子大学形成了比较完整的“葡萄与葡萄酒全产业链”专业人才培养体系。他说，新疆是葡萄优生区，形成了天山北麓、焉耆盆地、吐哈盆地、伊犁河谷四大葡萄产区，亟须大量专业人才的支撑。

被儿子鼓励来援疆的上海交通大学的董老师，有一次出差回到石河子大学，突发脑中风，幸亏同事们及时将他送往医院，医生说如果来迟一会儿，后果不堪设想。三年时光，1 000多个与兵团人共同奋斗的日日夜夜，成了他人生的宝贵财富，兵团人甘于奉献、扎根边疆的精神让他对人生价值有了全新的思索和认识。

“天山长江一线牵，石城渝州情相连。”重庆大学建筑城规学院的王老师漫步石河子市，以专业的角度感受着兵团城市、兵团人的无尽魅力，就像艾青诗里写的，“一年三百六十天，看它三万六千遍。因为它永远在前进，时时刻刻改变模样。因为我透过这个城市，看见了新中国的成长”。

“我们不能决定人生的长短，但是可以决定人生的宽度。”华中农业大学的孔老师被援友们称为“梦哥”，援疆三年，他明白了人生的宽度其实是用奉献来衡量的。他开设的《高级生物统计-R语言》课程从开始的全校50人听课到最后148人的教室座无虚席，他感受到的不仅是授人以渔的成就感，更是边疆学子对知识的渴求。他的女儿来新疆看他，问他为什么新疆这么大。他认真地告诉女儿，新疆的大，不只是土地面积的大，更是“有容乃大”的大。

年龄最大的孔老师，在石河子大学坚持援疆三年。他说他最喜欢去的是兵团军垦博物馆，每次去都恨不得将这里的每一个细节烙印于心。在兵团精神的感召下，他不敢有丝毫懈怠，努力工作，促进了学院专业人才的培养。

年轻的卢老师，在石河子大学写下了一首《援疆赞》：“大美新疆一朝盼，韶华三载献兵团。书生报国自有路，何须长啸拍阑干。”

叁

在兵团警官高等专科学校挂职的赵老师，在规划和推动学院提升办学水平和层次、拓展和完善学科专业布局、提高教学质量等方面做了大量工作。

他患有心脏房颤和神经性头疼等疾病，为了让家人放心，他会定期和家人视频通话。

2020年12月24日，教育部网站公示了拟同意设置的33所本科高等院校，新疆政法学院位列其中，这是兵团警官高等专科学校和石河子大学科技学院合并转设的新疆唯一一所政法类本科高校，也是国内第一所实现升本目标的地方司法警校，为全国司法警官教育事业提供了可供借鉴的发展路径。

赵老师看到这一消息时，表示这个成绩为他的援疆工作画了一个圆满的句号，但是对这所学校来说是一个新起点，他对这所学校的发展寄予厚望。

肆

至于我，是第五组唯一留在乌鲁木齐市的，告别了朝夕相处四天的教师援友们，我独自一人进入了一个全新的工作和生活环境。

我面临着四个问题：一是被调整了挂职岗位，二是自己的内心远没有那么强大，三是新疆的复杂形势，四是艰巨的工作任务。

从最初的不适应，到援疆中期的困惑和迷茫，到最终克服困难、超越自我。

忘不了和同事们成功地组织了北京产业推介会，调动资源，精心筹划，参会企业家800多人，签约金额1 150多亿元，推动了产业援疆工作。

忘不了为了高质量完成中央企业与19个援疆省市国有企业助力脱贫攻坚推进会和第七次全国对口支援新疆工作会议的筹备以及会议精神落实工作，加班加点度过了无数个日日夜夜。

忘不了接受兵团发展和改革委依法行政相关任务时的激动心情，我得以发挥法学专业优势，撰写了近4万字的《强化制度建设　提高依法行政水平》讲义，完成了系统专题讲座和兵团发展和改革委职责清单编制工作，为兵团依法行政建设贡献了自己的专业力量。

忘不了和我的玉苏甫哥哥一家共度的几十个日夜，南京大学亲友团专程来兵团第三师东风农场看望他们，并与暑期返乡大学生进行座谈，鼓励他们认真学习，报效祖国。

忘不了十九大、全国“两会”等重大活动期间，我在办公室里24小时维稳值班，以及下沉南疆时被跳蚤叮咬和生活的不便。

忘不了和第九批中央单位援疆干部自管会的援友们组织开展各项活动，凝聚力量，助力兵团发展。

这些只是三年援疆工作中的几幅画面，它们是我一生中的难忘记忆和宝贵财富。

这是我的援疆经历，是我与兵团的故事。

伍

再次将时间快进，来到2020年10月21日。我结束援疆，回到南京大学，这一天我在南园教学楼的一间教室里，为我所在的党支部上了一节党课，题目是《传承兵团精神　汇聚奋进力量》。我说，感谢党支部给了我一个践行诺言的机会，让我继续做好兵团的宣传员。

2020年12月17日，我为南京大学的机关年轻干部和选调生们做了一个报告，题目是《向政府学习　提升机关治理效能》，开场白是："我很高兴能够利用援疆所获为建设'第一个南大'贡献自己的一份力量。"这是我在援疆工作总结里的愿望。

这一天，我在校园里见到了曲继强老师，我们虽然同在新疆三年，却难得见面。援疆三年，他先后参与伊犁师范大学更名、本科审核评估、建校70周年等学校发展关键点的大量工作，并在其中发挥重要作用。他曾获得伊犁师范大学2018年度"优秀共产党员"称号，还被授予第九批中央和国家机关、中央企业优秀援疆干部人才并记功一次。

同年12月22日，我接到兵团发展和改革委法规处的信息，告诉我兵团发展和改革委的职责清单已经印发了；问我的通信地址，要给我寄一本。信息里还说："您做了那么多工作，才有了今天的成果，这是我们单位依法行政的一项重要成果。"

收到这一信息时，我感到特别欣慰和自豪，因为我和我的援友们不辱使命，以自己的行动很好地回答了援疆之问。

我怎么哭了

我的“西行漫记”

壹

30年前，父亲送我去西南政法学院报到，陪着我办入学手续，跑东跑西两天。他住在学校的招待所，很多人一间；我住在学生宿舍，白天去找父亲。那是我第一次离开家，后来想想真是傻乎乎的，都不知道可以带父亲去食堂吃饭，害得父亲在街上“打游击”。安顿好我之后，父亲就说要赶回去上班，坐火车路上得两天两夜。

父亲走的那天上午，我送他到烈士墓公交车站。父亲担心我一个人不安全，执意不让我送他去菜园坝火车站。公交车到了站台，父亲对我说：“回去吧，有事写信。”话音刚落，他就被人群推挤着上了公交车。

我站在路边，寻找着车里的父亲，可还没等我找到，车子就已经启动了。

载着父亲的公交车启动的那一刻，我才意识到我真的离开家了，要开始一个人在外的生活了。我离开车站，失魂落魄，沿着烈士墓的街道走回校园，眼泪止不住地往下流，怎么擦也擦不干净，便由着泪水一路奔流。

2017年9月5日，30年后的今天，先生送我来新疆报到，陪着我听泉、看山、吃肉一整天，今早就要坐飞机飞回南京了，而我则要开始培训，进入一个全新的状态。

此时已过午夜，夜深人静，我意识到自己真的是又一次离开家了，要在遥远的新疆开始一个人的生活了。不论怎样，愿我一直能拥有今日的笑容。

贰

我们培训所在地的新疆大学，前身是一所俄文法政专门学校，成立于1924年，新疆高等教育便发端于此。1935年，改建为新疆学院。抗日战争期间，俞秀松、林基路等一批共产党人和文学家茅盾、哲学家张仲实、艺术家赵丹等一批进步人士来校任教，提出了“以民族为形式，以马列为内容”的教育思想，掀起了轰轰烈烈的抗日救国宣传活动，学校被誉为“抗大第二”。1959年，高等教育部决定由北京大学、清华大学、西北大学等高校支援新疆大学的成立工作。1960年，新疆大学正式成立。1997年，学校被列入国家首批“211工程”重点建设高校。2004年，学校成为新疆维吾尔自治区人民政府、教育部“区部共建”学校。2012年，学校被列为国家“中西部高校综合实力提升工程”建设高校。2017年，学校入选教育部“双一流”建设高校。2018年，学校又被确定为教育部与新疆维吾尔自治区人民政府“部区合建”高校。

出发前，我约了南京大学历史系的万朝林老师，他是第七批教育部援疆教师，结束后又延期至第八批，先后在兵团广播电视大学和石河子大学挂职六年。万老师告诉我，还有一位南京大学物理系的黄以能教授已经在伊犁师范学院援疆十几年了，2013年，黄以能教授被聘为“天山学者计划”特聘教授。

之前，我只知道法学院有几位老师曾经先后到伊犁师范学院开设国际法方面的课程或者任课一个学期，若不是自己来援疆，真是不了解从2001年就开始的“对口支援西部地区高等学校计划”，也不了解南京大学曾先后对口支援西北大学、西藏大学和新疆伊犁师范学院。

为了实施西部大开发战略，积极发展西部地区高等教育，加快培养急需的高级专门人才，教育部2001年5月10日正式启动了“对口支援西部地区高等学校计划”。当时指定了北京大学、清华大学等13所高校为支援高校，采取一对一的方式，实施对受援高校的支援和全方位合作，其中有新疆大学和石河子大学。2011年12月，教育部在对口支援新疆全部11所普通本科高校的基础上，又组织北京农业职业学院、首都师范大学、山西警官高等专科学校等30所高校对口支援新疆农业职业技术学院、和田师范专科学校、新疆兵团警官高等专科学校等19所新疆高职学校。

2013年，教育部、国家发改委、财政部三部委联合印发《中西部高等教育振兴计划（2012—2020年）》，鼓励东部地区高等教育率先发展，支持中西部地区高等教育加快发展，从加强优势特色学科专业建设、扩大中西部学生入学机会、健全投入机制等10个方面全方位提升中西部高等教育质量，到2020年，要实现中西部高等教育结构更加合理、特色更加鲜明、办学质量显著提升的目标，建成一批有特色、高水平的高等学校，为整体提升我国高等教育发展水平、建设高等教育强国奠定坚实基础。

新疆大学学术交流中心

一个人的生命轨迹取决于各种人生选择，并在一个恰当的时间被成就。早几年或者晚几年，也许我并不会作出援疆的选择，也不曾想到在我之前有这么多人选择援疆。

就这样，我在新疆大学开始了我的“西行漫记”。

叁

结束了第一天的培训，夜幕降临，我开始想家。

出发时，对援疆工作和生活都有了一定的思想准备，却忽略了心理上对几十年熟悉了的人和事的情感依赖。

让自己在这个遥远的大西北不想家的唯一办法，也许还是保持自己不变的步伐，独自行走，记录走过的路，记录见过的美好，记录每一次感动。

吃完晚饭，我决定在新疆大学的校园里转一转。走一路，问一路，终于找到了运动场，因为恰逢古尔邦节放假，校园里的学生并不多，运动场上加上我也就两三人，远不如南京大学的苏浙运动场热闹，这个时间点，那里虽然不是人山人海，也算是熙熙攘攘。

去运动场的路上会经过红湖。红湖是新疆大学的一个地标，面积不大，有绕湖小径，绿化不错，也算是健步锻炼的一个好去处。

壹

历史的一幕再次上演。26年前，我从西南政法学院毕业，心理预期是分配到法院，结果人事局却通知我去纪委报到。当时，我哭了一场，觉得自己要去一个完全陌生的单位，不了解那里是干什么的。

26年后的今天，2017年9月8日，我的预期是去兵团广播电视大学。培训结束后，援疆教师们分别被各受援高校接走。兵团广播电视大学校办耿主任接我上车，开进了一个有武警守卫的大院，接着绕过一栋大楼，停在了大楼后的停车场。

走进一楼大厅，墙上一整幅的红底金字映入眼帘。来不及细

兵团机关大楼一楼大厅的主席令

看，只看到最后是“此令　主席毛泽东”。坐电梯到二楼，经过大厅，从右手的大门向外望去，是开车进入的院门，左手又是一幅红

底金字，两行大字映入眼帘：“热爱祖国、无私奉献、艰苦奋斗、开拓进取。”

耿主任说：“我带你去援疆办。”我心想：哦，要先到援疆办报到，然后再去兵团广播电视大学吧。然后，我们敲门走进了219办公室。

一位非常干练的女领导接待了我，耿主任介绍说这是尤主任。相互介绍完之后，尤主任对我说：“欢迎你到我们援疆办工作。”

我愣了一下，满脸疑惑地看向耿主任，耿主任还未说话，尤主任接着说：“我们向组织部打了报告，将你调整到援疆办工作了。”我向尤主任解释我长期在高校工作，对机关工作不熟悉，恐不能胜任，而且机关没有寒暑假，担心家人不支持。

尤主任没有正面回答我，而是对着耿主任说：“感谢电大支持援疆办的工作。”作为一名1991年在大学时就入党的党员，听了尤主任这句话，我没有再提任何问题和要求。我表示服从组织安排，希望不辜负组织的信任，圆满完成援疆任务。

当然，这一次我没有哭。

贰

我自小在军营长大，参加高考那年，父亲特别希望我报考军校，然而我没有听他的，报考了政法院校，本想去做一名法官，却去了纪委，又在高校工作了22年。但是没有成为一名军人，总让我有一种莫名的遗憾。

如今，我迈进了新疆生产建设兵团的大门。“兵团是一个什么样的单位？兵团有什么样的作用？兵团人是一个什么样的社会群体？”这些都成为我脑子里的一个个问号。

兵团机关大楼一楼大厅墙上的那幅红底金字是1952年2月毛泽东主席向驻疆将士发布的命令。这个命令让人热血沸腾，我就从这个“命令”出发，开始了解新疆生产建设兵团。

屯垦戍边是中国几千年开发和保卫边疆的历史遗产。中央政府在西域新疆大规模屯垦戍边始于2 000多年前的西汉，以后历代沿袭。1949年新疆和平解放，1954年10月，中央政府命令驻新疆人民解放军第二、第六军大部，第五军大部，第二十二兵团全部集体就地转业，脱离国防部队序列，组建“中国人民解放军新疆军区生产建设兵团”，其使命是劳武结合、屯垦戍边。

兵团由此开始正规化国营农牧团场的建设，由原军队自给性生产转为企业化生产，并正式纳入国家计划。此后，全国各地大批优秀青壮年、复转军人、知识分子、科技人员加入兵团行列，投身新疆建设。

1962年，兵团调遣了1.7万余名干部、职工奔赴当地维护社会治安，施行代耕、代牧、代管，并迅速在新疆伊犁、塔城、阿勒泰、哈密地区和博尔塔拉蒙古自治州等长达2 000多千米的边境沿线建立了纵深10千米—30千米的边境团场带。这对于稳定新疆、维护国家边防安全发挥了不可替代的作用，改善了国家西北边防的战略态势。

“文化大革命”期间，兵团屯垦戍边事业受到严重破坏。1975年3月，兵团建制被撤销，成立新疆维吾尔自治区农垦总局。

1981年12月，中央政府决定恢复兵团建制，名称改为“新疆生产建设兵团”，兵团开始了二次创业。截至2020年年末，兵团下辖14个师，兵团管理的自治区直辖县级市10个、建制镇56个、街道办事处19个。

新疆生产建设兵团是新疆维吾尔自治区的重要组成部分，承担着国家赋予的屯垦戍边的职责，实行党政军企合一体制，是在自己所辖垦区内，依照国家和新疆维吾尔自治区的法律、法规，自行管理内部行政、司法事务，在国家实行计划单列的特殊社会组织，受中央政府和新疆维吾尔自治区双重领导。

经常有朋友问我：“兵团在新疆的哪里？”我很喜欢一位援友的比喻，他说兵团就像是一块大馕上的芝麻，馕是新疆维吾尔自治区的版图，兵团就是那些芝麻，遍布新疆各地，就像歌里唱的，“国土多宽，兵团多宽”。

60多年来，广大兵团军垦职工栉风沐雨，扎根边疆，同当地各族人民一道，把亘古戈壁荒漠改造成生态绿洲，开创了新疆现代化事业，建成了规模化大农业，兴办了大型工矿企业，建起了一座座新型城镇，充分发挥了生产队、工作队、战斗队的作用，兵团为推动新疆发展、增进民族团结、维护社会稳定、巩固国家边防作出了不可磨灭的历史贡献。

新时代兵团坚定履行党中央赋予的维稳戍边的神圣职责，更好地履行安边固疆的稳定器、凝聚各族群众的大熔炉、先进生产力和先进文化的示范区“三大功能”，发挥调节社会结构、推动文化交流、促进区域协调、优化人口资源“四大作用”，壮大兵团综合实力，提高维稳戍边能力，促进兵地融合发展，全面深化兵团改革，建设高素质兵团队伍。

兵团是一个“准军事实体”，设有军事机关和武装机构，沿用兵团、师、团、连等军队建制和司令员、师长、团长、连长等军队职务称谓，涵养着一支以民兵为主的武装力量。

没想到30年后，我竟然以这样的方式再次走进“军”营，成为一名特殊的“兵”。

注释：此节介绍“新疆生产建设兵团的历史与发展”的文字来源于《新疆生产建设兵团的历史与发展》白皮书。

综合处彭处长帮我办了一张临时饭卡，我们在机关食堂吃了午饭后，彭处长又将我送去了我的住地。援疆干部楼位于乌鲁木齐市米东区卡子湾红光雅居C区，从此“卡子湾”就成了我们的一个念想。

虽然已是9月，但西北正午的阳光依然很炙热。院子里没有人，很安静。车子开到三号楼三单元的门口，等了一会儿，物业来人打开楼道门。单元一楼有两道门，都需要刷卡才能进。我的宿舍在14楼，因为下午要回机关参加会议，于是我一放下行李箱，便离开宿舍，赶回机关。

十几个人挤在一间很小的办公室里开会，房间里还有一张床，有几个同事就坐在床沿上。这个单位的人比我想象中要少，这次我见到了另外两位援疆干部，分别是来自中船重工和中核集团的陈主任和田楠。

散会后，没有等到下班，彭处长就将我先送回了宿舍。晚上7点多的边疆，天还没黑，院子里依旧没有什么人，楼道里也很安静。

宿舍很干净整洁，飘窗上放着几盆绿萝，还有一个独立的书房。我走进厨房一看，更是吃了一惊，兵团为援疆干部的生活做了非常周到的安排，细致入微，小到连一盒牙签都准备了，这是鼓励大家拖家带口来援疆啊！只是这一个功能、厨具均齐全的厨房安排给我有点儿浪费了。

再看看放在门口的两个行李箱，我不知道该从哪里下手，又觉得忙活了一天了，先睡一觉再说，于是便沉沉地睡了。也不知道睡了多久，醒来时，夜幕已经降临。

就在昨晚，我还在宾馆的房间里，还有一个同伴，还和一群有着共同背景的老师们一起聊天，一起走红湖。此时，竟然是一个人了，在一个离家3 000多千米的边疆城市里，没有一个我认识的人，也没有人认识我。

走出卧室，来到客厅，坐到沙发上，内心的恐慌迅速汇聚，刹那之间，眼泪就像决了堤的洪水，在我的脸上肆意流淌。慢慢地，我颓然地从沙发上滑下，蜷缩在地上，号啕大哭。我怎么哭了？

第一次走进援疆宿舍

修改了一首歌的歌词，以表达我此时的感受："我从来没有想过孤单的滋味这样凄凉，忽然间我感觉自己好像一只迷途羔羊。不知道是应该回头，还是在这里等候？不知不觉中已泪流满面。"

就像坠入了无底深渊，不知道会坠落何方，伸出手去，抓不住任何东西。看着窗外，感觉这一方时空里，只有我这一间亮着灯的房间飘浮在夜空里，我就这样被抛在了一个不知是何处的角落里。

恰好先生打电话过来，听到我的抽泣声，他竟然批评我：

“你怎么能这样？”我一边号啕大哭，一边挂了电话，任由电话铃响，再不接听。

崩溃中，我发了一条朋友圈：睡了一觉，醒来，天黑了，发现自己又是一个人了，不知为何，放声大哭。

无数的关心越过万水千山而来，在问候声里，我的泪水流得更加疯狂。其实，我不需要安慰，我不需要鼓励，我就是想让泪水流一阵子；孤单要自己战胜，泪水要自己擦去，接下来的日子要自己走过。我知道，我不是不坚强，我只是不想掩饰自己内心的脆弱，掩饰自己对孤单感的投降。

壹

太阳升起来，天空那么辽阔，一切都会好起来。到了新疆之后，我的鼻子里常常有血丝，还因为水土不服，几乎每天都会腹泻。有人说找些当地的土煮水喝，便会缓解，我没敢尝试，指望随着时间的推移，自己来适应这方水土。

第二天，我将行李箱收拾出来，纸盒子废物利用当成了储物盒，将书桌、书柜、餐桌都挪到了自己喜欢的位置，将带来的“小娃娃”们摆成一排，一批即将从南京寄来的书会塞满书柜，等我离开时，会将这些书送给位于一楼的援疆干部图书室。我列出待购物品，打算将冰箱一点点塞满。

乌鲁木齐

打开水龙头，流出的水是黄色的，放了好一阵才有清水流出，但有一股浓重的碱味。我将房间清扫了一遍，将洗干净的抹布放在厨房，不过一会儿的工夫，再看抹布，竟然干了，这要是在南京，两三天也不会干啊！我意识到，这里比我预想的还要干燥。后来我发现，因为水质的原因，我脱发也很严重。

昨晚下了一趟楼，上下电梯都没遇到任何人，小区大门外的右手边是一排简易房，有卖菜的小超市、五金店和饺子馆，路的对面有两个小超市和一个药店，这些设施说明我居住的这个地方应该是城郊接合部。一个人没敢往外走，便在门口的菜店里买了几个洋葱，切了几个放在柜子里，用来吸味，剩下的一个炒了几个鸡蛋。见柜子里有一袋大米和面粉，便煮了一锅米饭。房间里开始有了烟火味。妈妈常说，吃饱了不想家。吃饱后，便开始了援疆生活。

茶几上放了一本机关事务管理局印制的手册，我翻了一下，才知道这栋楼住的都是援疆干部，名单上只有挂职单位，却没有援派单位，我的单位还是兵团广播电视大学。因为原来安排的宿舍漏水，正在维修，便把我调整到了三单元1402。

看着列出的购物清单，却不知道哪里有大超市，没有人可以询问，看到手册上印有物业电话，这是唯一的求助途径了。物业得知我的意图后，告诉了我两个超市的地址，我决定第二天去位于铁路局附近的那个超市。

贰

“了解一座城市，从坐公交车开始；听底层群众的意见，从打车开始。”这句话是我总结的。今天是周日，我打算独自一人乘坐公交车去超市。

走出楼道，进入院子，走进阳光里，有种洗日光浴的感觉。如果说江南的阳光是个暖男，那么西北边陲的阳光更像是一个钢铁直男，更直接，更热烈。

天很高很蓝，云彩很白很美，我仰头看了看眼前的这栋援疆楼，心想这里都住了谁，两天竟没遇到过一个人，就是近在咫尺的对门，也没听到一点儿动静。

跟着导航，我走到了水泥厂的54路公交车站，公交站台有入口和出口，每个公交站台都有治安亭，里面有值班人员手持安检仪器，对着乘客进行扫描。

公交车虽比较老旧，可车上的维吾尔族妇女却是一道风景线，她们穿戴的服饰都十分鲜艳：年长一些的妇女戴着花色好看的头巾；年轻一些的都用发卡盘着头发；也有烫发的，并戴着夸张的、好看的且极具民族特色的首饰。

一路经过的显然是老城区，灰尘很大，街道也较破旧，比不得9月8日那天开车经过的会展大道，高楼林立，路边花圃茂盛，是一个城市新区的模样。

坐了12站，车程近1个小时。一路上，相隔不远就能见到一个便民警务亭，你只要报警，警察保证1分钟出警，小偷小摸都没有。都说耳听为虚，眼见为实，小偷小摸的确是没有，走在街上也不需要将背包背在胸前；至于报警是否能1分钟出警，希望永远没有机会亲身体验。

超市在北京中路汇嘉时代广场的负一楼，顾客进出要经过安检通道。超市的物资很丰富，应有尽有，还有一些我没见过的商品，比如馓子、米粉、茴香，以及各种颜色、各种形状的葡萄。我买了一点排骨和牛腩，其实不知道怎么烧，只是用来给冰箱冷冻室压个底，商品是以公斤计价的。

回程打车，司机不是新疆本地人，是从甘肃来打工的，和很多城市的出租车司机一样，喜欢聊天。

如果不是那些安检设备，这就是一个普通城市的模样，和我走过的很多城市没什么两样，百姓家常，衣食住行，人来人往。可对我而言，这座城市是特别的，因为我虽然是一个外来者，却不是游客，而是要成为这座城市的居民。

摇下车窗，有风扑面，没有一丁点儿的水汽，干燥的风刺挠着我脸上的皮肤，我感觉到嘴唇上的皮开始起翘。

第一个教师节

2017年9月10日，今天是我在新疆的第一个教师节，其他援疆的老师都在挂职的高校和当地的老师一起欢度教师节，而我则因远离南京大学，又不在高校挂职，几乎感觉不到教师节的氛围。

互联网能将人与人之间的距离拉近，一大早，祝福的微信铺天盖地。其中有一个特别的双语祝福，是维吾尔族学生艾尔肯发给我的：

ئۆز بالىلىرىنى ياخشى كۆرۈشنى ھەممە ئادەم
قىلالايدۇ،لىكىن باشقىلارنىڭ بالىلىرىنى ئۆز
بالىسىدىنمۇ ئارتۇق ياخشى كۆرۈشنى پەقەت
ئوقۇتقۇچى ئۇستازلار قىلالايدۇ، ئوقۇتقۇچىلار
بايرىمى يېتىپ كېلىش ھارپىسىدا، بارلىق
ئوقۇتقۇچىلارنىڭ ”ئوقۇتقۇچىلار بايرىمى“غا
مۇبارەك بولۇشىنى ھەمدە تېنىنىڭ سالامەت
بولۇشىنى تىلەيمەن!!!

喜欢自己的孩子，每个人都能做到；喜欢别人的孩子比自己的孩子还多，只有老师能做得到。教师节来临之际，祝所有的老师们节日快乐、身体健康！

我还收到了一个特别珍贵的节日礼物，我的博士生导师林老师的夫人胡老师为我写的一首诗——《远方》。在遥远的边疆，在我被孤独吞噬的时候，在我对自己的援疆选择有一丝动摇的时候，这首诗就像一股劲风，鼓励我扬起风帆。我相信，所有的孤单、沮丧、犹豫，都抵不过红梅花开时，那如火如梦的燃烧。

远　方

——给援疆的HM

胡品芳

（一）

秋风起时
我以为我是勇敢的蒲公英
可以将希望的种子吹向任性的远方
从东到西翻山越岭
西风拒绝了
拒绝被江南养娇的柔软
侵蚀胡杨不倒的灵魂
在风雪来临前
倒一盘调料涂抹自强的身躯
再画一朵雪莲拂去落在眉心的冰粒
连同秋天的叹息和冬天的孤寂
独自在山脊开出冰封的骄傲
或许前世这朵冰山上的雪莲
就是那颗蒲公英的种子
只是忘了原来的样子

（二）

当黑夜袭来

心，像乍然崩落的弦

莫名被扎了一下　有点疼

孤独跌进梦里挣扎不醒

眼里是黑暗里裹挟的泪

我不知道我在哪里

如同无法预测风往哪里吹

一切都在黑暗中悄悄潜入

自信正被吞噬

只余一点灰星映着淡月

过往如渊　徒增惶恐

远方的家是暗夜飞翔的大雁

在荒凉的额头写下春天的家书

我留在这里

用透明的指抚摸信仰散发出的那点暖意

（三）

搬不走风雨　管不了河山

我用半生的脚印筑起一个念想

桃李满园不是江南的独景

我要在边疆的寒雪中

种下傲霜的红梅

让一行行的血泪

滋养冬天撕裂的伤口

让一点一点的红

染香春日料峭的心灵

纵有一百个理由要我放弃

都抵不过红梅花开时

那如火如梦的燃烧

永恒的天山

天山之上，皑皑白雪，万古长存；天山之下，丝绸古道，穿越千年。

新疆的地理特征是“三山夹两盆”。北面是阿尔泰山，南面是昆仑山，天山横贯中部，把新疆分为南北两部分，习惯上称天山以南为南疆，天山以北为北疆。南疆的塔里木盆地，面积53万平方千米，是中国最大的内陆盆地。位于塔里木盆地中部的塔克拉玛干沙漠，面积33万多平方千米，是中国最大、世界第二大的流动沙漠。贯穿塔里木盆地的塔里木河长约2 100千米，是中国最长的内流河。北疆的准噶尔盆地，面积约38万平方千米，是中国第二大盆地。准噶尔盆地中部的古尔班通古特沙漠面积约4.8万平方千米，是中国第二大沙漠。

天山，它不是一座山峰，它呈东西走向，它以千峰万岭横亘西域，山势雄伟，全长约2 500千米，在中国境内绵延1 760千米；天山，它不是一条山脉，而是由北天山、中天山、南天山三列山脉组成；天山，它不只是一个巨大山系，更是中华民族血脉相连的纽带。

早在2 100多年前，汉代张骞就打通了丝绸之路，将古代中国与世界联系起来，新疆地区成为中华文明向西开放的门户，是东西方文明交流传播的重地，多元文化荟萃，多种文化并存。中原文化和西域文化长期交流交融，既推动了新疆各民族文化的发展，也促进了多元一体的中华文化发展。中华文化始终是新疆各民族的情感依托、心灵归宿和精神家园，也是新疆各民族文化发展的动力源泉。几千年来，经由中华民族走出的这条路，承载着一个伟大民族的梦想。

天气晴朗时，在乌鲁木齐能看见天山山脉的博格达峰直插入天。在蒙古语中，博格达峰意为“神灵之山”，但是，博格达峰还不是天山的最高峰，托木尔峰才是真正的“天山之王”，其海拔为7 435.3米（另一说为7 443米），四周由高山冰山群、高山草甸草原及森林带围绕，藏在云雾缥缈间，仿如世外仙山。

天山是每一位抵达新疆的人都必须仰望的山。在新疆人眼里，天山是父亲，是母亲，是神灵。

有人说天山是大鹏的脊梁，两翼承载着南疆和北疆，期待着一日能同风而起。相比巍峨的天山，我们过于渺小，但是我们援疆干部就像是架在其他省市与新疆之间的桥梁和纽带，使新疆与其他省市的联系更加紧密，沟通更加顺畅，感情更加浓厚。期待和天山南北的新疆人民携手共创祖国边疆的稳定繁荣！

天山天池风景区夏季风光

壹

2017年9月11日，是我第一天在兵团机关上班。新疆与南京有2个小时的时差，所以早上10点才上班。机关安排了援疆干部班车，接送我们从宿舍楼到机关大院。

第一天坐班车，我见到了即将相互支持三年的援友们，这是我援疆三年的集体，也是我的“娘”家。

我要了单位的红头公文纸，搞清楚了挂职单位的全称——兵团对口援疆工作协调领导小组办公室（兵团经济协作办公室），一套班子、两块牌子，简称兵团援疆办（经协办），负责13个省市对口支援兵团的规划、统筹协调工作和兵团招商引资工作。

单位领导说考虑到我是博士，文字功底好，又做过办公室工作，于是安排我在综合处担任副处长。我坐在办公桌前，启用了我在兵团的第一个工作笔记本，并写下这一段话：“这是一个新起点，我会努力，不辱使命，让南京大学以我为荣！”

没想到，工作还没开始熟悉，第二天就被调整到了联络信息处，处长哈斯是一位蒙古族人。两天换了两个办公室，从一间小办公室到一间大办公室。联络信息处和经济协作处两个处在一起，共八人。

贰

这是我之前从未接触过的工作领域，一个和高校完全不同的工作机制。我想起了原中国政法大学校长黄进在《开讲啦》栏目中对主持人撒贝宁说过的一段话："法律是一种社会规则，学法律的人在各行各业都能做得很出色。你依然是我们法律人！"

于是，我用"学法律的人到哪里都是专业对口"来鼓励自己。我要求自己尽快熟悉部门的工作职责，学习工作文件和制度，尽快适应和进入工作状态。

忙碌之后的夜晚，一个人在宿舍，我会打开所有的灯，关上所有的窗户，临睡前将房门打开又关上，来回几遍，以确保门的确是锁上了。

在每一个刚刚醒来的清晨，我都会颓然地坐在床边发一会儿呆，会对自己为何在遥远的边疆之城感到好奇：我为何而来？从哪里来？会回到哪里去？这一趟远行真的会是三年时间吗？一想到这些问题，我的内心就像有千万只蚂蚁在爬。都说不畏将来，但是这三年会是什么样的情形？未来真的可期吗？

三年以后，回到那个种满多肉植物和建兰的家，回到那个常常下雨、空气潮湿的江南城市，我还会怀念这座边疆城市、这片土地吗？

叁

2017年9月14日，早晨出门，一不小心将自己锁在了门外，又没有家人可以求助，还好援友告诉我物业那里有备用钥匙，这才解决了问题。

这几天上下班坐班车时认识了很多援友，也听到了超级亲切的重庆普通话，援友们还建立了掼蛋群和周末徒步群。

兵团机关的工作节奏非常快，上午才布置的工作，下午就要完成，感觉人像个陀螺，一直转个不停。公文格式和工作流程都有严格的要求，我便向同事要了以前的一些材料，照葫芦画瓢。

坐在晚上8点回宿舍的班车上，边疆漫天的晚霞美得酣畅淋漓，我用手机拍下这稍纵即逝的霞光，想将时光定格，将我经历过的每一刻光阴、每一处美好、每一次感动都做成标本，夹在岁月的书页里。若干年后再回眸，这会是一座我想念的城市吗?

肆

2017年9月16日，今天是援疆上班后的第一个周末，不敢独自待在宿舍里，便跟着援友推荐的一个旅行社的导游，尝试着参加了周六的江布拉克一日游。

恰好也有两三位援友报了名，大家便相约一起从卡子湾出发，去另一个地方等旅游车来接我们。一大早出发的时候，天还黑黢黢的。上了旅游车，我又认识了在自治区援疆的几位援友，有来自北京医院的医生，有来自央企的高管，还有来自中央机关的公务员。

车行途中，天才慢慢亮了。一路上经过了好几个安检站，车上的乘客要下车经过安检通道，接受检查后才能通过。

江布拉克，哈萨克语意为“圣水之源”。9月已经不是江布拉克最美的季节，没有看见传说中的麦浪，但是景色大气磅礴，天高路长，大捆的麦垛堆在山坡上，山谷里耸立着天山云杉，远方的层峦叠嶂如水墨画，路边老乡家的院门上悬挂着五星红旗。我们绕开大路，走在麦埂地里，每一步都能感受到脚下的力量，步子第一次变得如此不同。

真是来了新疆才知祖国之大，走进天山才知天地之壮美。

伍

2017年9月17日，我一直睡到中午，感觉援疆楼安静得出奇，楼里100多位援友，只有4位女同志，整栋楼闻不到一点儿烟火味。中午去位于二单元一楼的援疆干部食堂吃了午饭，下午决定出去走一走，希望能将多年的健步习惯在另一座城市坚持下去。

按照第一次车子送我来的记忆中的路线，我导航去了会展大道。走出卡子湾红光雅居的门楼，拐了几个弯，还真让我找到了那条路。这是一条尚未修好的绿化道，绿叶被中午的太阳晒蔫了，且布满了灰尘。走了一路，竟然只有我一个人，走着走着，我感觉这里的寂静让人心慌，便快速穿过路口，从另一边往回走。

晚上，感觉下巴上有东西，以为是吃饭不小心沾上了食物，一照镜子才发现，是晒脱皮了。早听说过新疆的紫外线强烈，这次算是真正领教了。

和父母通了电话，妈妈最关心的是我的吃饭问题，得知有食堂之后，便放心了。老父亲拜托我帮他打听一个人，是他在炮团的老班长，名字叫王振东，夫人姓季，很多年前通过两封信，只知道他在昌吉的兵团，年纪也有80岁了。我打算帮父亲实现这个愿望，并成功说服父母春节后来新疆与我同住一些日子。

我又给女儿发了微信：冬天我带你来看新疆的大雪吧！

给生活赋予一个个愿望，时间会变得充实一些，时针会转得快一点儿，日子也会有一些盼头。学会面对现实，尝试发现美好，太阳每一天都是新的，今日会成为昨日，明天会成为今天。让我随着时间前行，感受每一天的不同吧！

天山草原

壹

2017年9月18日，得知自己被调整到兵团援疆办时，我给南京大学法学院的李友根老师发了信息。李老师曾经担任法学院院长多年，是我非常尊敬的领导和同事。他对我说，你在法律硕士办公室工作那么多年，和那么多学生都建立了长期的友谊，你现在的岗位正好可以发挥你的优势，你一定能够很好地完成援疆省市、援疆干部的联络协调工作。

李老师的这席话给了我信心。我坐下来，认真梳理了我所要面对的工作。我查阅了相关资料，翻阅了之前的部门工作报告，打开了第八批援疆干部们编辑的丛书，“对口援疆国家战略”就像一幅卷轴，慢慢打开，展现在我的面前。

不到新疆不知中国之大，不到新疆不知国家利益之重。新疆工作在党和国家工作的全局中具有特殊重要的战略地位。

对口援疆政策开始于1997年，当时主要是以干部援疆为主。2005年，中央要求对新疆南疆四地州和兵团在南疆的三个师，实行干部支援和经济对口支援相结合的政策，分别由北京等7个省市和中国长江三峡工程开发总公司等15户国有重要骨干企业承担对口支援任务。2007年，探索建立专业技术人员继续教育对口援疆制度，鼓励东部沿海和经济发达地区面向新疆开展继续教育对口支援项目。

2007年9月，国务院强调要坚持不懈加大对口援疆工作力度，促进民族地区经济、政治、文化、社会全面进步；要完善和创新对口支援方式，把工作重点放在培育当地自我发展能力上；要以经济、科技、教育、医疗、文化援助为重点，全方位开展援疆工作，特别要在资金、人才、技术和项目等方面，加大对南疆地区的支持。在政策的实践过程中，经中央的多方面协调，截至2010年2月月底，基本上形成了固定的对口援助关系。

2010年，中央第一次新疆工作座谈会召开，19个省市对口支援新疆维吾尔自治区各地州和兵团各师市，拉开了19个省市新一轮对口援疆的大幕。2014年，第二次新疆工作座谈会在北京召开，会议指出：对口支援是国家战略，必须长期坚持。第六次全国对口支援新疆工作会议于2017年在喀什召开，会议指出：当前和今后一个时期对口援疆工作要认真贯彻落实党中央的治疆方略和援疆工作决策部署，在事关新疆改革发展稳定的根本性、基础性、长远性问题上精准发力，在对口援疆广度拓展、深度挖掘、力度强化上狠下功夫，不断提高对口援疆综合效益，为建设团结和谐、繁荣富裕、文明进步、安居乐业的中国特色社会主义新疆贡献力量。

贰

2019年7月，第七次全国对口支援新疆工作会议在和田召开，我参与了这次会议的调研工作和筹备工作，更深入地了解了新一轮对口援疆工作所取得的成就。

2014年—2019年，19个援疆省市全面加强全方位对口支援，累计投入援疆资金（含兵团）964亿元，实施援疆项目1万余个；累计选派各类干部人才8 965人，柔性引进各类人才约5万人次；加强产业援疆，引进援疆省市企业到位资金16 840亿元；中央企业在疆完成投资超过7 000亿元，完成承建项目合同额超过2 000亿元，吸纳当地劳动力就业30余万人。

第三次中央新疆工作座谈会于2020年9月25日—26日在北京召开，会议指出：当前和今后一个时期，做好新疆工作，要完整准确

贯彻新时代党的治疆方略，牢牢扭住新疆工作总目标，依法治疆、团结稳疆、文化润疆、富民兴疆、长期建疆，以推进治理体系和治理能力现代化为保障，多谋长远之策，多行固本之举，努力建设团结和谐、繁荣富裕、文明进步、安居乐业、生态良好的新时代中国特色社会主义新疆。

会议强调做好新疆工作是全党全国的大事，必须牢固树立全国一盘棋思想，完善党中央统一领导、中央部门支持指导、各省市支援配合、新疆发挥主体作用的工作机制。中央新疆工作协调小组要在党中央领导下，加强对新疆工作的形势研判、政策研究、协调指导、督促检查，对重大问题及时提出工作意见。中央有关部门要各司其职，密切配合，深入调研督导，及时发现问题，帮助解决困难。新疆维吾尔自治区党委站在一线，要履行好主体责任，抓好工作落实。其他各省市要切实做好涉疆工作，支持新疆稳定和发展。各援疆省市要加强同新疆协调配合，长期坚持对口援疆，提升对口援疆综合效益。要持续深化改革，加强维稳能力建设，不断增强兵团的组织优势和动员能力，更好地发挥特殊作用。

忽上天山路

壹

上班的第二周，综合处的彭处长打电话给我，让我订2017年9月20日从乌鲁木齐飞喀什的机票，他和陈主任正好在阿拉尔出差，直接去喀什等我，他要安排我和陈主任去第三师的东风农场认亲戚，这是我决定去援疆时完全不知道的一个工作任务。

第一次在疆内坐飞机就晚点了3个小时。乌鲁木齐地窝堡机场的安检处是封闭起来的一个个狭窄的通道，人挨着人，排着长队。安检非常严格，脱外套，解腰带，脱鞋子。

天气晴朗，天空蔚蓝，飞机飞越连绵不绝的天山山脉，层峦叠嶂的雪峰清晰得如在眼前，朵朵白云就像一个个棉花糖，一团团地飘在天山山顶，气势磅礴，又柔情万种。我从未见过这样的美，就像被一根魔法棒点了一下，全身心都舒展开了，我不由自主地发出了轻轻的惊叹声。

坐在我身边的是一个中年的汉族男子，他礼貌地问我："您是援疆干部吧？"我惊讶地转脸看了他一眼，问："你怎么知道我是援疆干部？"

他说："在新疆见到援疆干部不稀奇，看你是第一次飞这个航线，便推测你是才来的援疆干部。"

他是博尔塔拉蒙古自治州温泉县的一名科技干部，去喀什开会，听说我是去认亲戚的，便向我介绍了“民族团结一家亲”，介绍了“访惠聚”工程。虽然培训课上也有提及，但终究是在纸上。

我很认真地向他请教，记住了“民族团结一家亲”指的是各级干部职工与少数民族老乡开展结对认亲活动，深入践行守望相助理念，深化民族团结进步教育，铸牢中华民族共同体意识，促进各民族像石榴籽一样紧紧抱在一起，共同守卫祖国边疆，共同创造美好生活。

“访惠聚”是指“访民情、惠民生、聚民心”。从2014年开始，自治区党委每年从各级机关选派7万名干部进驻全区所有农村和社区，开展“访惠聚”工作。各级党组织和广大驻村干部聚焦新疆工作总目标，扎实做好维护稳定、脱贫攻坚、群众工作、建强组织、发展党员、大办实事等八项重点工作，让就业、教育、医疗、社保、扶贫、安居、暖心、兴边、安全九大惠民工程在新疆160多万平方千米的辽阔疆域落地生根，开花结果。

航班抵达，我与这位素昧平生的新疆干部道别，他邀请我有机会去他的家乡温泉县看一看，我也邀请他有机会一定要去南京大学逛一逛校园。

第一次南疆行，就遭遇了这里的恶劣天气。一下飞机，鼻孔里火烧火燎的，嘴唇发干，舔一下就能感觉到裂纹。走出机场，漫天黄沙，整个天地都是灰蒙蒙的，而且空气就像被一个巨大的吸湿器吸走了所有的水汽一样。

与同事会合后，驱车先去疏勒县看望了担任“访惠聚”工作队队长、第一书记的兵团援疆办李主任。

沿途经过喀什市的街道，发现行道树并不高，看着有些像柳树，却不似江南的垂柳。我很好奇："这是柳树吗？在南京从未见过这样的柳树。"彭处长告诉我："这是馒头柳，树冠呈半圆形，像馒头一样。"

彭处长接着跟我讲了"左公柳"的故事："当年左宗棠抬棺西进，看见'赤地如剥，秃山千里，黄沙飞扬'的恶劣环境，便要求大军过处必植树。军士人人随身带着树苗，一路行军，一路栽树，左公也是亲自携镐植柳，形成了道柳'连绵千里绿如帷幄'的塞外奇观。前人植树，后人乘凉，为纪念左宗棠为民造福的不朽功绩，后人们便将左宗棠和部属所植柳树称为'左公柳'。"

彭处长又说："兵团人创造了人间奇迹，用双手绿染沙海。很多老兵一辈子再没走出去，死了就葬在他们开垦的土地里，守望着家园。"

贰

李主任所在的巴合齐乡二村是一个地方村，我们抵达时已经是傍晚了，李主任和工作队的干部们带我们去了一户维吾尔族老乡家用晚餐，我们付了餐费给老乡。

二村的每一户人家都是一个独立的院落，院子里有牲口棚，架了葡萄架，房子里没有卫生间，都是在院子里搭了旱厕。

房子里也很简陋，炕上铺了地毯，除了长条桌外，没什么家具。灯光昏暗，大家在炕上盘腿而坐，长条桌上铺了花桌布，水果盘里放着馓子、麻花、香蕉干、葡萄干，还有梨、香蕉、西瓜和葡萄，小碗里装着糖果，还有比大铁锅锅盖小一点儿的馕。小花碗里的酸奶是自制的，即使放了大勺的白糖，还是酸得掉牙。最喜欢吃的是老乡家自己做的风味凉粉，酸甜开胃，也是用好看的小花碗盛放的。还有大盘鸡、手抓羊肉，大盘鸡里的土豆很好吃，羊肉没有膻味，我想这应该是待客的最高规格了。

新疆大盘鸡

印象最深的是喝酒，我以为吃饱了要结束的时候，老乡搬来了一箱伊力小老窖，这是46度的浓香型白酒，250毫升一瓶。我连连摆手说不会喝酒，李主任说民族团结的酒是必须喝的，不会喝就意思一下，不能不喝。我心想：这就是任务啊，必须完成。于是，我端起了递过来的酒杯，啜了一口。

一桌人就4个汉族干部，其他都是维吾尔族干部和老乡。席间，一个五六岁漂亮的维吾尔族小姑娘站在我旁边，抬头笑嘻嘻地看着我，非常可爱而友好。

回酒店的路上，我问彭处长："如果不能喝酒的话，岂不是完不成民族地区的工作任务了？"他呵呵一笑说："你们大老远地跑到这么偏远的农村，大家都想热情地欢迎你们啊！"原来，真不喝酒也是可以的啊！

戈壁起“东风”

壹

第二天，我们从喀什市出发，去70千米之外的位于英吉沙县的第三师东风农场。

东风农场位于英吉沙县境内，英吉沙是维吾尔语，意为“新城”；场部驻地卡加克江尕勒，维吾尔语意思是“戈壁滩边长的一种草”。东风农场坐落于帕米尔山系公格尔山麓、塔里木盆地西部边缘，四周与英吉沙县各乡接壤。1958年建场，1981年12月划归兵团第三师建制。少数民族占了总人口的近95%，是一个少数民族团场，辖四个连队。

一路高速，路上经过了山东省援建的如意集团的厂房。山东省和广东省支援喀什地区，广东省东莞市支援兵团第三师，山东省还有一个工作队支援位于乌鲁木齐市的兵团第十二师。

进县城处有一个检查站，民警和辅警基本上都是维吾尔族人。路过英吉沙国家湿地公园的一个旅游点，发现里面都是极具民族风格的民居，还有著名的英吉沙小刀村，但都是大门紧闭，不见人影。

路边有个水库，水边长着芦苇，已经开始转黄了；路边除了馒头柳之外，还有一排排树干端直、树皮纵裂的白杨树。快到农场时，经过一大片土地，没有一棵树，连一棵绿色的草也没有，整片土地泛白，彭处长告诉我们那是盐碱地。

东风农场的位置很有特点，就像一座孤岛，孤零零地矗立在一大片土地上，且位于公路的正中间，车辆和行人要绕过农场才能继续往前行进。农场的周围全是庄稼地，地里种了核桃树和西梅树，偶见一小片稻田。

眺望远方，能看见雪山，那是昆仑山脉的慕士塔格峰，也称喀什噶尔山，慕士塔格的维吾尔语意思是“冰山之父”，是西昆仑山脉第三高峰。慕士塔格峰、公格尔峰、公格尔九别峰三峰耸立，如同擎天玉柱般屹立在美丽的帕米尔高原上，成为帕米尔高原的标志。

兵团援疆办（经协办）综合处的蒲处长在东风农场三连担任“访惠聚”工作队队长，我们参观了工作队的宿舍兼办公室，那是一栋居民楼里二楼的两套公寓。

听蒲处长介绍，农场的四个连队原来都散住在老连队，后来农场盖了楼房，大家就集中居住，也就是我们现在所在的区域，老连队便用来养牲畜了。

广东东莞援建的东风农场的广场

农场里有个大广场，广场边上有一个石碑，上面刻着“广东东莞援建”。广场上有一个大舞台，有水渠和亭子，遗憾的是因为缺少雨水，风沙又大，花圃里的月季、亭子和大舞台都灰蒙蒙的，水渠也是干涸的。

广东东莞援建的石碑

我们来到了办公综合楼，看到每个楼层的楼梯处都安装了铁栏门，楼道和办公桌也蒙了一层沙。二楼的一个大教室里，维吾尔族职工们已经穿着盛装在等我们了：妇女们穿着鲜艳的艾德莱丝绸连衣裙，化了浓妆，盘着的发髻上戴着好看的发夹；男子们则穿着整洁的白衬衣、皮鞋，脸刮得干干净净的。

如果不是亲耳听到，很难相信在祖国的大西北，在新疆的西南角，在一个只有1 500多名职工的兵团基层农场里，在一间立着一个大黑板的夜校教室里，一群几乎不会说普通话的维吾尔族职工站成两排，合唱了一首《南泥湾》：“花篮的花儿香，听我们唱一唱，唱一呀唱。来到了南泥湾，南泥湾好地方，好地呀方。好地方来好风光，好地方来好风光，到处是庄稼，遍地是牛羊……”

孩子们的普通话则流畅得多，他们高高地仰起头，漂亮的脸庞迎着光，大声地背诵着《三字经》。

一个男孩子用一种我从未见过的乐器弹奏着音乐，一问才知道，那是维吾尔族、乌孜别克族乐器热瓦普，琴身为木质，音箱为半球形，以羊皮蒙面，琴杆与音箱连接处两侧各设一弯角，像山羊角，琴颈细长，顶部弯曲。据史书记载，热瓦甫乐器起源于南疆喀什。

和维吾尔族职工们虽无法用语言交流，但是笑容和眼神可以无障碍交流，大家展颜一笑，眼神一对，彼此就懂得了那份友好。

贰

蒲主任带我们见到了要结对认亲的维吾尔族职工。第一次听说“结亲”，我就笑了，结婚才叫结亲啊！而在这里，“结亲”指的是“民族团结一家亲”，是希望我们和亲戚从此成为一家人，要像爱护自己的眼睛一样爱护民族团结，像珍视自己的生命一样珍视民族团结，并像石榴籽那样紧紧抱在一起。

结对认亲

走亲戚自然不能空手，我们买了成袋的大米、面粉，还有葵花籽油和牛奶。亲戚们不仅着节日盛装迎接了我们，还非常隆重地给我们戴上了维吾尔族花帽，我的嫂子还送给我一条丝巾。

陈主任结对的亲戚叫库尔班，那个汉子稍作打扮就可以在电影里出演欧美角色。我的结对亲戚叫玉苏甫，很瘦小，1966年出生，属马，和我亲哥一样大。玉苏甫哥哥是三连的一名职工，有3个孩子，他的母亲和妹妹也住在东风农场，哥哥会说普通话，虽然带着浓重的口音，但是说慢一点儿都能听懂。

路上的孩子们满身土，有些孩子则赤着脚丫到处跑，我们是生面孔，他们见到我们感觉很稀奇，一边奔跑玩耍，一边回头看我们。经过广场时，一个额头上贴着小红花的小男孩冲我一笑，笑容里略带羞涩。

中午，我们和亲戚们在一个名叫“东风大酒店”的简易招待所食堂一起用餐，嫂子没有来，玉苏甫哥哥就坐在我的旁边，我能够感觉到他的淳朴和热情。他一听说我是从南京大学来的援疆干部，更多了一份热情，虽然能看出来他并不知道南京大学，但是他明白我来自远方。完成了结亲任务，我们离开东风农场，当晚返回乌鲁木齐。

第一次俯瞰天山山脉，第一次走进南疆，第一次远眺慕士塔格峰，第一次走进了维吾尔族人家，第一次见识了“访惠聚”工作。在这里，我了解了新疆不仅有纯朴善良、热情好客的乡亲，有美丽的草原，有喝着矿泉水、吃着中草药的羊群，还有寸草不生的盐碱地。

中國人民解放軍進軍新疆紀念
王震

像战士一样出发

出差到口里[1]

壹

今年是大学同学入校30年，我是班长，往年我都是聚会组织者，今年却缺席了。同学们不理解，问我为什么。原因很简单，虽然是周末，但是按照规定，凡是离疆都必须请假，所在挂职单位要先审批同意，然后还要报兵团党委组织部审批。

我觉得刚到新疆挂职就请假离疆不太好，又觉得同学情深，来日方长，总还有相聚的机会，于是便放弃了同学聚会。

同样的理由，我错过了2017年11月25日侄子的婚礼。那是我老爸最疼爱的孙子。作为唯一的姑姑，不能回去参加婚礼，父母很不开心。如果回去，至少要请假一周，而那时，兵团的干部们连周末都没有，我却要因为私事请假，实在是开不了口，于是跟父母、兄嫂和侄子做了解释。

贰

2017年9月26日，我出差到了祖国的首都北京。

---

① 口里，指长城以外的人对长城以内地区的称呼。

出发前的周末，我在卡子湾援疆楼宿舍给自己煮了一碗汤圆，和妈妈通了电话，说国庆假期我可能会回家，然后一边吃汤圆，一边感慨：也许人到中年，就该让灵魂在路上，把身体留在家乡才好。

深夜，我收拾好行李，看了看这个让我每个周末、每个深夜都会潸然泪下的宿舍，心想：要暂别一些日子了，不知道多久以后这里才会给我家的感觉，也许是12月女儿来的时候，也许是春节后把爸妈哄来的时候。

我和同事一起入住了位于北京市西城区马连道南街的兵团大厦，这是我进疆之后第一次离开新疆。

对久住江南的我而言，北京虽然还算是北方，却比西北湿润了许多。

以前很喜欢独处的时光，步行也习惯一个人，抬头看天，低头赏花，都觉得很美。回家坐在书桌前，发发呆，看看电影，写写文字，都觉得岁月静好。

自从去了新疆，便开始害怕夜幕降临，害怕一个人待在一个地方。傍晚会议忙毕，不敢一个人在房间里待着，便逼着自己出门，在楼下巧遇一起出差的郭处长，同行了几个街区，聊了聊新疆的故事。郭处长曾经是一位空军军官，他提到转业时战士们一路相送，我不禁想起了父亲转业时的场景，这是军人才有的感受，告别一段峥嵘岁月，告别同生共死的战友，开启一段未知的旅程。

去餐厅吃自助餐时，郭处长点了一份新疆的“过油肉”，他说离开新疆几天了，特别想吃新疆的烤羊肉串和拌面。原来，味蕾真的是人生的一部分，是能够慰藉心灵的。

去了遥远的大西北，尤其是去了南疆之后，再次回到内地，有了一个强烈的感受：天空真的很辽阔，世界真的很大，而我们却常常贪恋身处的井底，沉溺于显露在眼前的一方天空。

千里一线牵

壹

2017年9月28日，结束在北京的公务，领导让我回南京，为10月份在南京农业大学举办的一个培训班打个前站。我知道，这是领导照顾我，想让我回家多待几天。

坐上高铁，4个小时就抵达了南京南站。下高铁的那一刻，内心就像滴了一种奇妙的物质，瞬间被打开，弥漫至脸上，那就是抑制不住的笑容。我回家了。

家人出差了，小姐妹们买了鲜花、奶茶和串串给我，阳台上的九里香、三角梅和鹅掌楸长得特别茂盛。站在阳台上，我打开窗户，发觉要下雨了，远处的紫金山还是那么的绿意盎然。

人在江南时，常嫌弃雨水多，去过大西北之后，再见江南的雨水，就很稀罕。

贰

这个世界上冥冥之中一定自有安排，我如果不是去过南疆，就不会很认真地阅读这篇新华社公众号发的文章，题目是《刚刚，我们做了一个决定》。

文章讲的是我们可以为精准扶贫做些什么，写了两个贫困县，一个是新疆喀什地区的巴楚县，另一个是喀什市阿瓦提乡，都是国家连片特困地区。2017年，巴楚县还有55个贫困村，2.4万贫困人口。

在塔里木盆地西北边缘，在叶尔羌河与胡杨林的守护下，有一片绿洲光彩夺目，它就是位于新疆喀什地区的巴楚县。这里有着广阔的天然草场，多样的野生植物，美味的烤鱼和手抓饭，还有知名的巴尔楚克羊。这里有荒凉的沙漠，却没有荒凉的人生。巴楚农户有一个共同的愿望：要将巴楚县1万亩荒地打造成“沙漠绿洲”！

同样在新疆喀什连片特困地区的喀什市阿瓦提乡，这里有一片美丽的小圆枣古树林。几百年来守护这片树林的，是一群淳朴的农民。每年9月月底或10月月初，小圆枣成熟的时节，村民们会在小圆枣树下铺一块布，抱着树摇晃，成熟的果实就乖乖地落下来，枣林就这样养育了一代又一代村民。

新疆无霜期长、昼夜温差大、日照强，所以水果的含糖量比较高，自然又甜又好吃。巴楚留香瓜是新疆著名的瓜果，通体翠绿，清香袭人，并且皮薄肉甜。巴尔楚克羊被称为拥有黑眼圈的“熊猫羊”，被毛白色，黑眼圈，黑色嘴轮，耳小有黑斑，且因其一般一年只产一羔而更显珍贵。

阿瓦提乡的小圆枣古树林共计3 000亩，100年以上的枣树有近10万棵，最老的枣树接近1 000年，是世界上现存的最大最老的连片酸枣林，在最困难的时候，5棵枣树可以养活一家人。

多么有画面感的描述，看起来更像是美好的远方。文中的配图让我感觉如此熟悉，熟悉的果树，熟悉的巴郎子（维吾尔语意为“孩子”），熟悉的田野。

但是，只有真的在那里生活过，才知道南疆有多么艰苦。阿瓦提乡降水稀少，蒸发量大，年平均降水量只有70毫米，枣树脚下都是皲裂的土地。老乡家里平时都吃得很简单，只有馕和拌面，烤鱼和手抓饭只有在节日或者招待客人时才会准备。

农产品优质却没有销路。在乌鲁木齐网购时，很多商户都是新疆不包邮或者新疆不邮，那还是乌鲁木齐，更别说南疆的乡村了，单是这一点，就可以知道新疆的交通条件。优质的农牧产品和特困地区的帽子就这样集于一身，这就是南疆。

2017年9月下旬，我刚刚去过的喀什地区的英吉沙县就是一个贫困县。“脱贫攻坚”这个词第一次在我的世界里变得立体起来，脱贫攻坚战开始和我息息相关，所有贫困地区和贫困人口一道迈入全面小康社会的2020年刚好是我们结束援疆的那一年。

叁

今天是国庆节。留守新疆的援友在微信群里直播兵团机关的升旗仪式，英姿勃发的国旗护卫队官兵手持钢枪，迈着铿锵有力的步伐，护卫着五星红旗走向升旗台。雄壮的《义勇军进行曲》奏响，每个单位的值班人员都站在广场上，齐声高唱国歌，庄严地注视着鲜艳的五星红旗冉冉升起，高高飘扬。

在朋友圈里，我还看到了新疆天池升起的五星红旗，看到了伊犁师范学院实习点一所中学迎风招展的五星红旗，看到了阿克苏地区阿瓦提县英艾日克乡玉斯屯克兰干村的村民们在升起的国旗下围成了“心”形，看到了蒲处长发来的东风农场的升旗仪式。

我刚到兵团机关上班时就听同事说，每个社区在周一的早晨都会举行升旗仪式，全疆各地都是。身处其他省市的人们或许不能理解，只有走进那片土地，了解那片土地，才会明白新疆在各族干部群众中广泛开展“四个认同”教育的重要意义：只有对祖国认同，对中华民族认同，对中华文化认同，对中国特色社会主义道路认同，才能巩固各族人民大团结，维护祖国统一，增强中华民族的凝聚力，全面建设小康社会，实现边疆民族地区的长治久安。

伊犁师范学院实习点一所中学迎风招展的五星红旗

看着五星红旗高高飘扬，民族自豪感油然而生。升旗不仅仅是一个仪式，更是一种责任与担当。

进疆1个月后回到南京，新疆暂时成为远方，却和以前不一样了，多了一根线，这根线有一种特殊的力量，将我和那片土地紧紧系在了一起。

像战士一样出发

壹

2017年9月28日，结束在北京的公务，我回到南京，去南京农业大学对接培训班的工作，预期可以连着国庆、中秋假期，在家里待到10月15日。

9月30日，我看到援疆干部群里有很多援友收到了不放假的信息，有的援友已经从老家赶回了新疆；有的已经退票，取消了休假；有的飞机刚刚落地，又立马买了返程票，从机场直接返回新疆；还有的援友家属去了新疆探亲，援友自己却去了南疆。

我的心开始变得紧张，一直处于待命状态，一直到30日傍晚看到单位工作群里发布了值班安排，我才舒了一口气，决定回老家看望父母。

10月1日，我们冒着风雨开车8个小时回到老家。晚饭时，老爸问我这次能待多久，我说4号回南京，老爸开心地说：“这次待的时间不短嘛！”

晚上我趴在床上看书，妈妈就坐在床沿上和我聊天，跟我说山东老家这些年的事。夜深了，我正打算催妈妈去睡觉，手机突然响了，有一条未读信息。我打开一看，立马弹坐了起来，把妈妈吓了一跳。那是一个紧急通知，要求全员在岗，休假人员停止休假，立即返回工作岗位，要求无条件执行。

妈妈看我的样子，问我怎么了，我告诉爸妈，真抱歉，这次又待不长了，明早就必须回去。在得知必须返回后，我的心里竟没有丝毫犹豫，就像战士听到了冲锋号，是的，就是这种感觉！深夜在网上订了2号上午从老家回南京的车票，又预订了次日回乌鲁木齐的机票。

生活在一个军人家庭是我的幸运，因为父母早已经习惯了这样的状态，老爸太懂得“命令”的意义，懂得“使命”的神圣，我之所以可以勇往直前，是因为有他们无条件的支持，我的力量也来自父母的担当。

就这样，我马不停蹄地于3号深夜回到了乌鲁木齐。此时，很多援友早已经在岗，有的已经下沉南疆了。

贰

返程的路上，先生一直在问：“你们回去干什么？大家都放假了呀！”只有到了新疆才会知道，除了业务工作之外，还有一个重要的工作，那就是维护新疆的社会稳定和长治久安。

单位分成三批人员下沉南疆。我是第一批，定的是5号的硬卧车票，乘坐二十几个小时的火车赶赴东风农场。一早，早已提前结束休假的蒲处长发来工作队在老连队巡逻的照片，并发了这样一段文字：“祝各位领导和同事中秋快乐！安心陪伴家人，南疆有我很安全！”在得知我们要去时，他说：“欢迎各位领导和同事们的到来，并肩战斗士气增，谁敢窥我西域城！”

很久没有体会到这样的感动了，我的眼睛湿润了。多少时日了，满足于完成工作，得意于将工作和闲情分开，每天走走路，健健身，拍拍花和草；1个月去高铁能到达的一座城市，看风情，品美食，以为这就是生活。

到了新疆才知道祖国疆域之辽阔，去了南疆才知道祖国安宁之可贵，到了新岗位才知道新疆干部使命之光荣。新疆的干部群众为祖国的统一和稳定作出了巨大的牺牲，援疆干部也不例外，我能成为其中一员，心中油然而生一股自豪感。

每年的中秋节，我们都是几家人欢聚一堂，今年我却在前一天离开南京，孤身一人回到了新疆。但是这一次，和9月份离开南京的感觉完全不一样了，那时候心里只有一个未知的远方，这一次心里多了一份使命感，多了一份战士的勇敢。

千秋满月，家国欢庆。我在距离家乡3 000多千米之外的边疆，祝愿我的家人和朋友们节日快乐、阖家欢乐！祝愿依然坚守岗位的新疆的同事们和援友们节日快乐！

叁

我记录了援友们在这个特殊的节日里发出的感慨，这是我们援疆岁月里的第一个国庆节和中秋节。

援疆干部人才舍小家、为大家，不远万里来到新疆，把这里当作自己的第二故乡，倾情投入、无私奉献，展现了中华儿女的民族

大义和家国情怀，为新疆的社会稳定和长治久安贡献自己的智慧和汗水。

——援疆干部之家

月，长安雨霁天山雪。万里暗，胡风卷黄叶。月，绿蚁阑珊料峭夜，雁字归，家国情两结。月，塞内河清疆如铁，燕然阙，总把豪情借。

——援友　刘红纯

明月出天山，苍茫云海间。雪映博峰冷，霜披塔水寒。边情催战马，号令振弓弦。赴村脚步急，值守夜无眠。采棉手交执，结亲心相连。何期南疆稳，把酒共言欢。

——援友　胡振全

明月千里寄相思，此时此刻在离家3 635千米的地方，思念家乡，思念亲人。儿时，家乡是生活的小镇，无时无刻思念着归去；长大，家乡是工作的城市，每天每夜忙碌着奔波；将老，家乡是万里的关山，分分秒秒牵挂着坚守。胡不归？胡不归？华夏处处是家乡，炎黄子孙皆弟兄！

——援友　史云海

援疆工作虽没有执枪血战八方，但同样是在誓守山河多娇。

——援友　蔡侗辰

2017，国庆遇到中秋，中秋遇到十九大，机关干部下沉基层一线。8天小长假换来了大干50天，新疆人民赚了，全国人民都赚了。即便不能陪伴妻儿子女，即便不能照顾丈夫老人，即便不能享受天伦之乐，即便不能与他乡亲人团圆，但我们，依旧开心，无怨无悔。只因为，我们拥有共同的心愿，只愿，新疆安定，边疆稳定，国家安全，祖国统一。家是最小国，国是千万家，有国才有家。国家兴亡，匹夫有责，现在的祖国很强大，不需要我们每个人，奔赴沙场，抵御外寇，浴血奋战，舍身为国。仅仅需要，立足本职，坚守岗位，坚守就是捍卫，岗位就是阵地，服从就是大局，团结就是力量，我是新疆干部，我骄傲，我是援疆干部，我自豪。

——援友　陈东明

父亲说你们在的时候就是佳节，父亲说有你们的地方就是家（乡），祝亲朋好友中秋佳节快乐！祝愿祖国繁荣富强！ 祝愿新疆长治久安！ 坚决与新疆各族干部群众一起，聚焦总目标，大干50天，实现“三不出”，迎接十九大。

——援友　黄　河

壹

2017年10月4日是中秋节，援友陈主任约了我们一起过节，我们就在卡子湾宿舍小区附近的“相聚火锅”度过了我们在新疆的第一个中秋节。

相聚火锅是我们那个区域像点儿样子的饭店。援友们说那是援疆干部的另一个食堂，而且名字很有意思，意为来自四面八方的援友相聚在此，热气腾腾。

10月5日，考虑到我初来乍到不熟悉，单位特意安排了车子来接我去火车站，同事嘱咐我把后备厢里的一个行李包带去车站，那是一个户外野营用的超大背包，里面放了同事带给亲戚的衣物。

和同事约好在车站碰头，可到了车站，却怎么也找不到同事，通了电话，也找不到他们说的地方。问了车站工作人员，才搞清楚状况，原来乌鲁木齐有新客站和南站，我在新客站，同事们看错了车站，去了南站，好在南站是这趟火车必经的下一站。

那个超大行李包真是太重了，而且没有推车，全凭自己背着，我还要背自己的行李，真是累得够呛！我在心里宽慰自己：我不是小娇娘。火车站的安检也很严格，从检票口到候车室要过两次安检。

乌鲁木齐的新客站建得很现代，但是火车还是绿皮的，这是我大学毕业26年后第一次乘坐绿皮火车。这是一列从伊宁始发，开往和田的火车。

开往南疆的绿皮火车

坐在火车上，我感觉火车是一路南下的，当我在地图上标出路线和途径车站时，我发现火车沿着天山山脉，几乎从东到西横穿了整个新疆。我从乌鲁木齐站上车，经过乌鲁木齐南——吐鲁番（换车头调转方向）——马兰——和硕——焉耆——库尔勒——轮台——库车——新和——阿克苏——巴楚——阿图什——喀什，最后抵达我此行的目的地英吉沙站，历时23个小时，然后火车继续南下，终点站是和田。

“孔雀河终年奔流不息的美丽城市——库尔勒，西气东输首站——轮台，龟兹故地——库车，‘天山之王’托木尔冰川映照下的阿克苏，空气中飘荡着无花果甜香的阿图什，香妃故里——喀什，被艾德莱丝绸装点得无比妩媚的和田……”单是我从网上搜索的这些描绘，就让人心驰神往。

我从火车上的窗户向外望去，沿途所见都是戈壁荒野，植被稀少，倒是有一些梭梭草趴在地上，还有几排高耸挺拔的杨树和用风力来发电的风车。

同事告诉我，吐鲁番到达坂城之间有一个15千米的风区，刮大风时，能将火车吹翻，火车也常因为大风警报而导致误点，晚点时间有时长达几个小时。

这时，我的脑海里不禁浮现出唐代诗人岑参的诗句："君不见走马川行雪海边，平沙莽莽黄入天。轮台九月风夜吼，一川碎石大如斗，随风满地石乱走。"

贰

我在上铺，两个下铺都是维吾尔族妇女，她们各自带着一个3岁左右的男孩子。

火车上的维吾尔族男孩

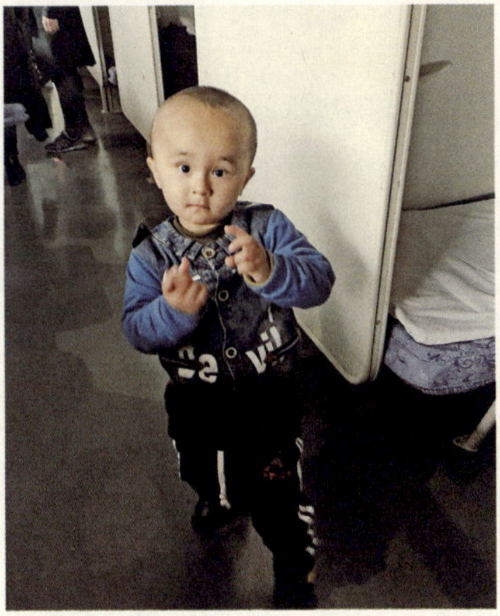

也许是因为新疆气候干燥，风沙又大，我不太能判断出她们的年龄。后来知道其中一位是奶奶，带着的是她的孙子，另一位是个28岁的妈妈，带的是她的第三个孩子。少妇能说一点儿普通话，和我可以简单地交流，那位老妇人和两个孩子则完全不会说也听不懂普通话。

维吾尔族妇女都很爱漂亮，老妇人一身鲜艳的民族连衣裙，戴着艳丽的头巾；年轻的少妇则穿着时髦，烫着卷发。两个男孩子，一个安静，一个调皮。她们都在我们之前到站，到站时是深夜，那时候我们还在熟睡中。

南疆四地州实现了14年免费教育，覆盖了学前两年教育、义务教育和高中教育。

后来，我们在巴合齐乡二村参观了用援疆资金修建的幼儿园，硬件比沿海发达地区的幼儿园都要好。现在，从幼儿园开始就实行普通话教学，我相信，下一次乘火车去南疆看望亲戚时，遇见维吾尔族的孩子们，他们一定可以很好地说普通话了。

铁路沿线

有一个远方叫南疆

天山以南，环塔里木盆地周边，南疆的克孜勒苏柯尔克孜自治州、喀什地区、阿克苏地区、和田地区简称为“南疆四地州”。南疆兵团师市有第一师阿拉尔市、第二师铁门关市、第三师图木舒克市和第十四师昆玉市。

新疆如果是一盘棋，南疆就是它的“棋眼”。从地理位置看，南疆地区位于祖国西北边陲，处于国防第一线，其形势动向，事关全国大局。

从历史发展进程看，新疆自古就是历代中央王朝治理西域的核心区域。自汉代开始，新疆地区正式成为中国版图的一部分。[①]我国历朝历代均高度重视南疆的战略地位，南疆对守卫边防、维护国家统一和对外开放、促进全疆经济社会发展具有重要的战略意义。

借助“一带一路”的时代机遇，如今的新疆，正按照习近平总书记的指示，把自身的区域性对外开放战略，融入国家丝绸之路经济带建设、向西开放的总体布局中去。原来边远封闭的地缘局势，正在向沿边依桥、外引内联、东进西出、全方位开放的新型地缘格局发展。

阿克苏是南北疆的交通要冲和东西贯通的关节点，也是新疆向西开放的前沿地区和丝绸之路经济带核心区南线中段的重要关节点。

---

① 摘自《新疆的若干历史问题》白皮书。

位于新疆最南端的和田，是古丝绸之路南道的必经之地，是新疆进入西藏、青海及邻国印度的重要门户和战略通道，也是建设丝绸之路经济带、中巴经济走廊的重要支撑地区。

克孜勒苏柯尔克孜自治州境内及周边有5个国家一类口岸，发展对外贸易、境外资源加工业、跨境旅游优势十分突出，是南疆向西开放的重要通道。

喀什是我国通往中亚、南亚、西亚乃至欧洲的国际大通道，作为丝绸之路经济带核心区重要节点和中巴经济走廊起点的作用日益凸显。“一带一路”的伟大构想，如今正把“五口通八国，一路连欧亚”的喀什从历史引向未来。

然而，由于历史、地理、人口结构、经济发展水平等多方面因素的影响，南疆四地州经济社会发展长期处于相对落后的状况，成为一个集边境地区、民族地区、贫困地区于一体的地区，是新疆工作的重点和难点地区，是我国集中连片特殊困难地区之一，是脱贫攻坚的主战场。南疆还是反恐维稳的主战场，全国稳定看新疆，新疆稳定看南疆。

喀什

壹

2017年10月6日早晨，我们一行四人抵达英吉沙站，乘车前往东风农场，这是我第二次来东风农场。

蒲处长和工作队队员一起带着我们先去了东风农场的开发区，一路上看到的都是灰暗的土砖房子，大片大片的土地，满目荒凉。其中有一块地种植了葡萄苗，如果在冬季来临前还没有资金安装大棚，这些葡萄就会被冻死。另一块地里试种了东方牧草，据说可以很好地改善盐碱地。

玉苏甫哥哥

向远处眺望，感觉慕士塔格峰就在不远处，在新疆听过一句话，“望山跑死马”，说的就是那些山脉看着很近，其实非常远。

我与玉苏甫哥哥通了电话，然后独自一人去了趟玉苏甫哥哥家。嫂子不在家，一问才知她去四十五团摘棉花了，摘棉花1个月可以收入8 000多元钱。哥哥家的客厅放了一张矮条桌，并铺了地毯，地上还放了一台电视机，我问他是否能收到中央电视台一套，他说能，并演示给我看。

和玉苏甫哥哥坐在地毯上聊了一会儿天，听到有人敲门，便去开门，原来是玉苏甫哥哥的母亲，听说我来了，特意过来看我，又邀请我去前面一栋楼的她家做客。她个子不高，热情地拉着我的手，笑嘻嘻地仰脸看着我，眼神里是满满的慈祥，她让我想起了山东老家的三婶。

下午，我们去连队的职工家走访。其中一家房子很大，窗帘是用鲜艳的纱帘做的，很漂亮，家里买了一辆铲车，男主人平时以开铲车为生；家里的兄长原来是种植西梅的，年收入几十万。

我们从一户人家出来时，在楼下正好遇到玉苏甫哥哥带着他的小女儿月日姑来看我。月日姑长得像混血儿，皮肤很白，说一口流利的普通话，她告诉我她除了数学学不好，其他功课都不错。

傍晚，我们几个人分组跟着民兵去老连队巡逻。老连队虽然没人住了，但是每天上下午还要各去巡逻一次。几个同事乘汽车前往，我选择坐玉苏甫哥哥开的电动三轮车过去，车厢上坐了几位民兵，我和玉苏甫哥哥挤坐在驾驶位上。

民兵们巡逻路过自己的老宅子时，会打开家门领我们进去看看。几乎每家都有牲畜养在老宅子里，其中一个职工还养了观赏性很强的鸽子，他说鸽子生了蛋，孵出幼鸽，拿去集市上卖，一只能卖150元。玉苏甫哥哥的老宅子里养着100多只鸽子、22头羊，院门口还拴着一只凶猛的牧羊犬。

一路上，听民兵讲述他们的工作和生活，任务重、压力大、时间长、条件差，但是他们就这样日复一日地干着同样的事情，在这个边远的农场恪尽职守，保证“三不出”，肩负着维护稳定的艰巨任务。

我问什么是“三不出”，队员们说，“三不出”就是“大事不出，中事不出，小事也不出”。我起初不相信：答案不会这么简单吧？当得知这真是正确答案时，我想明白了四个问题：一是新疆各族人民对稳定局面的热切期待；二是维稳形势的复杂严峻；三是要求大家必须警钟长鸣，杜绝各种风险隐患，不论大小；四是新疆干部的工作压力之大，任务之艰巨。

贰

晚上，我和援友陈主任一起去三连的夜校给职工上普通话课。陈主任说他的普通话是川普，便推荐我去上课。因为是临时安排的，没有课本，也没有教案，我的脑子快速转动起来：讲什么呢？走上讲台的那一刻，我决定从自己对新疆的感受讲起。

我说，学习语言是为了交流，交流是为了增进感情，因为我们是“一家人”。我来到新疆，最大的感受是新疆的天空很蓝，新疆的空气很好；新疆的姑娘很美，新疆的小伙子很帅……

我在黑板上写下了“蓝”“好”“美”“帅”，还写下了“一家人”，然后又说，我们要像“石榴籽”一样紧紧抱在一起。

有几个大姑娘和女孩子举手回答问题特别积极，相比之下，男人们和上了年纪的人却很少举手。

课后，能歌善舞的维吾尔族职工们跳起了民族舞蹈，不善歌舞

的我也被那气氛感染了，被拉进了跳舞的队伍里。

我坐在教室门口休息时，几个小女孩凑到我身边，问我：“您从哪里来的啊？”我笑答：“我从南京大学来。”她们说：“是不是很远？”我说：“是，要坐近5个小时的飞机先到乌鲁木齐，再坐20多个小时的火车来到这里。”她们的眼睛都瞪大了：“那么远啊！”其中一个年龄稍大点儿的女孩神气地说：“我也坐过飞机的。”我对这些孩子们说：“欢迎你们去南京大学。”

壹

寒露时节，草上露水凝。

2017年10月7日，一大早，我们和职工们一起去核桃林劳动。太阳还没出来，地里长满了及膝的野草，蹚过野草走进地里，露水很快便湿透了我们的裤子和鞋子。我们要在每棵核桃树的旁边挖一个坑，用来施肥。村民的三轮车车厢里放了一堆工具，除了铁锹、锄头，还有一种我从未见过的工具，就像是铁锹颠倒过来变成的大号锄头，它由木柄和铁头两部分构成，铁头呈盾形，大小不等。显然，这个工具很特别，同事看着我好奇的表情，立马向我介绍："石处，这个不认识吧？这叫坎土曼，是维吾尔族的工具。"

与连队职工们同劳动

同事又说：“我们比赛吧！你使铁锹，我使坎土曼。”我说好。我也是自不量力，之前都没怎么干过农活，就答应了比赛。

我用铁锹挖了十几下，一个坑才有点儿样子，但还不够规整。再看看同事，已经挖了三个了。玉苏甫哥哥看出了我的吃力，便走到我面前，也不说话，只是用他手里的坎土曼帮我把挖的坑整了整，然后把我手里的铁锹拿了过去，说我来吧。我就跟着玉苏甫哥哥，看他使用坎土曼，只两下子，一个坑就挖好了，方方正正。

“一亩六，两亩六，坎土曼开荒气死牛。”坎土曼果然很好用，第一代兵团人就是在当时被称为“人类禁区”的恶劣环境下，用坎土曼挥舞出了生机盎然的万顷良田，它在兵团屯垦戍边的历史上有着特殊的意义。兵团石河子军垦博物馆里就收藏了大小不一、式样大同小异的坎土曼，其中有一把坎土曼的残存部分直径仍达36厘米，这把坎土曼1999年被认定为国家一级文物。

贰

新疆的屯垦就是在芨芨草滩上用坎土曼挖出来的，第一代兵团人对坎土曼都怀有特殊的感情。

“纸上得来终觉浅，绝知此事要躬行。”书本上读过的、博物馆里看到的兵团屯垦史，在自己亲眼所见和使用的坎土曼面前再次变得生动起来，一把工具将我闪回到兵团第二师二十九团在那个火热的年代创造的光荣历史。

1949年12月，中国人民解放军第一野战军第一兵团第二军第六师十八团由焉耆分四批进驻各县驻地，驻地分布：团部、炮兵连、特务连、通信连和三营大部驻库尔勒，其中一个排驻铁门关。九连两个排驻尉犁铁干里克。一营大部驻包头湖，二营一部及一营二连驻轮台和南草湖。一营一连驻尉犁。①包头湖地处吾瓦滩，无风一片白，有风白满天，维吾尔语的意思是“兔子不拉屎的地方”。

“看见了白碱黄沙，想起了英雄玛洛珈，只说她一去不复返，没想到迎来了千军万马……”这是流传在吾瓦的维吾尔族民歌，歌中唱的玛洛珈是民间传说中的探水英雄。相传很早以前，孔雀河流经吾瓦，周围的村落绿树成荫，稻田飘香，后来孔雀河改道，美丽的姑娘玛洛珈为了给家乡找到一把金钥匙（水源），只身赴命，背井离乡，怀着虔诚的信念，向塔里木的沙漠深处进发了。一年年过去了，人们等待着，盼望着，盼着那涓涓流水能和玛洛珈一起回来，可是年复一年，代复一代，人们把胡子都等白了，把眼睛都望穿了，却不见玛洛珈的影子。据说她是在探水途中，因饥渴劳累抱憾而死，尸骨变成了野麻花。

从此，沙漠野麻花遍地，簇簇丛丛。每逢早春三月，那铃铛似的粉红小花，便四野八荒地绽放开来，如绸似火，历久不衰，一直延续到8月。后来，每当野麻花盛开的时候，就有人说，那是玛洛珈飘落的红头巾，把大地都染红了……

1950年春，十八团各营连发扬南泥湾自力更生、艰苦奋斗的革命传统，在各族人民群众的支持下，用简陋的坎土曼、镢头大获丰收，当年生产粮食675.5吨，皮棉570担，初战告捷。

---

① 摘自《二十九团志》。

屯垦吾瓦时，“坎土曼大王”方喜成用一块炮弹皮打制了一把又重又大的坎土曼，创造了草泥滩一天开荒三亩三的纪录。

战斗英雄宋献银带领的一个班，一天就能开垦土地三十多亩，最多时，他一个人一天开垦三亩地。他成了劳动模范，奖品还是一把坎土曼。宋献银说：“开荒比打仗苦，苦得多。”

秋收尚未结束，部队遵照王震司令员的指示，兴建十八团大渠，引孔雀河水入万古荒原，歌声里的玛洛珈终于又回到了这片原野。

《习近平的七年知青岁月》中提到，习近平总书记曾在延川县梁家河村插队，几年中过了四大关，就是“跳蚤关”“饮食关”“劳动关”“思想关”。

第一关就是跳蚤关。我一直很好奇：跳蚤是一种什么样的虫子？为什么会成为第一关？这一次来东风农场前，我问过同事：“东风农场有跳蚤吗？”经济协作处的小秦说，他每次来看亲戚都会被跳蚤咬，但是你从来都看不见它们，而且一咬就是一圈，都在袖口、腰带那些边沿处，跳蚤似乎是越挫越勇，不容易钻进去的地方偏偏想攻进去。他还建议我去当地老乡家时，要把腿口、袖口都扎紧了，因为跳蚤会躲在衣物和行李里跟着你到处跑。只有水能淹死它们，所以他每次回来都不敢直接回家，而是去外面洗个澡，把衣服都换了，然后再把换下的衣服泡在水里。

尽管小秦说得如此可怕，可我还是没当回事，直到有一天的傍晚，我遭遇了跳蚤，才终于了解跳蚤为什么是第一关了。

那天我们在巴合齐乡二村，中午在老乡家吃了午饭，当时并无异样。下午在工作队列席研判会时，我感到领口处的皮肤发痒，因为自己是过敏性体质，很多情形都会导致皮肤瘙痒，因此当时并未在意。

晚上到了招待所，身上开始奇痒无比，我搜出书里描述的症状：一咬就是成片的红包，最后红包会变成水泡，水泡会烂掉。这样一比照，我基本确定就是被跳蚤咬了，一圈咬痕，奇痒且发红，面积越来越大。

我一向比别人更招蚊虫，又容易晕车，所以我会随身携带青草膏，于是，我便用它来擦拭咬痕，试图抵御瘙痒，却丝毫没有效果。我想起小秦说的，跳蚤会躲在衣物里，便把衣物全部泡在了洗脸池里。

第二天早上，我发现抓红的地方冒出了水泡，抓破了便开始流水。我试着去招待所旁边的药店买药，店主一听是被跳蚤咬了，便推荐了一管苗药百毒膏给我。15元，虽然很便宜，但民族药方果然有神奇之处，对付跳蚤叮咬真的有些效果。

2017年10月9日上午，我们一行三人和一名当地的少数民族干部继续入户走访，来到一户老乡家，因为跳蚤叮咬的瘙痒还没有减轻，便想在院子里聊聊家常，不想进屋了。

没想到女主人特别热情，执意要做拉面招待我们，我们几次谢绝都不成功。男主人提着水壶，胳膊肘上搭着一块毛巾，请我们洗手，盛情难却，我们便洗了手。老乡把我们迎进屋子，脱鞋上炕。这个老乡的家里虽比较简陋，可是待客之道却丝毫不马虎，他们在地毯上摆放了水果，用金红色相间的托盘、茶碗端上了茶水。

我们才坐下一小会儿，女主人便做好了拉面，手工面条很劲道，配菜有西红柿、辣椒，味道非常好。

我坐在炕上吃面条时，同事帮我拍了一张照片，我给这张照片起了一个名字——“一张有故事的照片”，是为了记录当时被跳蚤咬了之后，心里产生了退缩情绪。

2017年10月7日中午，我们离开了东风农场。过了红河桥，就到了巴合齐乡二村，全名叫疏勒县巴合齐乡尤喀克斯日勒玛村。

我们参观了新建的双语幼儿园，率先在南疆四地州实现农村学前三年免费双语教育是教育惠民的“一号工程”，若不是亲眼所见，我不会相信一个边疆农村幼儿园的硬件设施已经可以和一个城市里条件相当不错的幼儿园相媲美。

傍晚参加座谈会时，一名“访惠聚”工作队的干部坐在我们对面打起了瞌睡。但奇怪的是，李主任并没有批评这位干部，反而让他离开会议室去休息。后来才得知，为了精准扶贫、精准脱贫，“访惠聚”队员和村干部一起，集中复核，深入交流，仔细算账，规范建档，从昨夜干到凌晨3点半，今天天亮又开始工作，几乎是一夜未睡，这样的工作状态是这里的常态。

晚上，很难得地下起了雨，雨水滴在干燥的土地上，蒸腾出一股泥土味。二村的乡村大舞台表演在冒雨进行，能歌善舞的民族果然是随时随地就能流淌出一首首歌：“远近闻名的，是喀什的石榴。无花果是如此的香甜，春天更是宜人。喷洒着如珍珠的水滴，清澈的泉水流淌。玫瑰与罗勒花开，飘香四溢……”

演出的节目里不仅有民族歌舞，还有一个现代火辣的舞蹈，真没想到擅长民族舞蹈的维吾尔族妇女们也可以将现代舞跳得这么好。

一个穿着牛仔上衣的维吾尔族小姑娘一直在邀请我跳舞，跳完还亲了我一口，并喊来她的母亲，一起与我合影。夜深了，雨大了，老乡们才散场回家。

这一天，我目睹了每天熬夜工作至凌晨的驻村干部、要求晚上10点开会的通知、保护晚会安全的警卫部署、每天傍晚雷打不动召开的研判会、每天数十页的各类报表，亲历了经常被急件打断的座谈以及走村入户的常规工作……

若非身临其境，怎知歌舞升平的可贵和不易，由衷地向战斗在第一线的干部职工致敬！

壹

西出阳关，才知祖国的领土如此之大；南下喀什，才知新疆的疆域如此辽阔；走到师市，才知兵团的成绩如此了不起。

金色的太阳照边疆，丰收的棉田翻银浪。秋天是收获的季节，地里的棉花也到了采摘的时候。兵团作为中国最重要的商品棉生产基地和优质棉花产区，已成为全国最大的机械化采棉基地。

村民在村庄周边地里种的棉花还是老乡们自己采摘。我们去的季节，地里棉花已经采摘得差不多了。我们和维吾尔族老乡一起，一手提着一个蛇皮袋，一手摘棉花。

兵团是全国最大的机械化采棉基地

田野里有一排排种植不久的小杨树，棉花田的旁边是成片的玉米地，这种玉米是用来做饲料的。

走访时，我们看见村子里有人开着大卡车，在挨家挨户地收棉花，村民们自家地里采摘的棉花就是这么被收走的。

下午，我们来到兵团第三师四十一团图木舒克市草湖镇。南疆的秋天，天空像一匹蓝色的绸缎，仰头望去，白杨树就像绸缎上的印花，白色的树干，泛着光的绿叶。路边有大片的枣林，枣树上已经结了串串红枣。

草湖镇道路修得很好，两边的路灯杆上挂着五星红旗。镇里有一个人工湖，湖中修了人行木栈道，栈道边还有健身设施，路边的野草、野花在阳光下都显得那么生动。这个兵团小镇惊艳了我。

贰

西汉武帝时，张骞出使西域，曾到过西域三十六国之一的疏勒国，四十一团团部便坐落在“疏勒国”境内。中华人民共和国成立前，这里是喀什最后一任提督马福兴私人别墅的所在地，又称“马家花园”。

1950年3月，二军教导团的1 000多名解放军战士进驻草湖，开创了“军垦第一犁”的辉煌。那时候杏花刚刚开放，大地尚未苏醒，教导团的年轻战士就已经开始劳动了。现场红旗招展，大家干得热火朝天，7名战士拉着从维吾尔族老乡那里借来的木制土犁，肩套绳索，低头弓背，破土前行。

时任二军摄影员，如今已年过八旬的袁国祥将军拿起相机拍下了这个画面，用镜头记录下了这历史性的一幕。后来，这张照片以“军垦第一犁”之名被兵团军垦博物馆放大展示。这庄严的军垦第一犁，开始了中国人民解放军开发建设新疆的伟大征程。

1966年，兵团农三师成立，1969年，这里更名为四十一团。2014年11月正式挂牌成立草湖镇，是第三师的第一个建制镇，是兵团的第六个建制镇，实行团镇园“三合一”的管理模式，是广东省对口援疆的标杆项目，2017年被评为第二批全国特色小镇。

叁

“第一犁”，是兵团人的图腾。

诗人艾青用一首诗——《年轻的城》赞美了军垦新城石河子市，在石河子市的开拓者广场上，矗立着一尊铜雕，名字就叫

「军垦第一犁」雕塑

“军垦第一犁”。

三个赤裸上身的男子，前面两人肩拉犁绳，上身前倾，双腿弓曲，后面一人拱背俯身，双手扶犁，三人的双脚深陷，脚趾勾起，就像拼命向前的牛一样。这是第一代兵团人，一群身经百战的军人铸剑为犁、开垦荒原的真实刻画。

1950年春拍摄的『军垦第一犁』

1950年1月21日，新疆军区发布“关于全体军人一律参加劳动生产”的命令，要求“全体军人一律参加生产劳动，不得有任何军人站在劳动生产建设战线之外”。

『种地就是站岗，放牧就是巡逻』的军垦战士们

军垦战士们一手拿枪，一手拿镐，扎根沙漠周边，以屯垦戍边为使命，遵循“不与民争利”的原则，在天山南北的戈壁荒漠和环境恶劣的边境沿线附近，白手起家，艰苦创业，在茫茫戈壁荒漠上建成了一个个田陌连片、渠系纵横、林带成网、道路畅通的绿洲生态经济网，开创了新疆

军垦战士们背着枪放牧

现代农业的先河。

在新疆，每三亩半耕地中就有一亩是兵团人开垦的。“风当战袍沙作粮，地当睡床天当房，搭起帐篷挡风雪，钻进地窝避寒霜。”这是第一代兵团人的共同记忆。

1949年新疆和平解放时，当地经济是以农牧业为主体的自然经济，生产力水平低下，生产方式落后，发展处于停滞状态，人民生活贫苦不堪。为巩固边防、加快发展，减轻新疆当地政府和各族人民的经济负担，1950年1月，驻新疆人民解放军将主要力量投入到生产建设之中，当年实现粮食大部分自给，食油蔬菜全部自给。1953年，新疆军区将所属部队整编为国防部队和生产部队两个部分，其中生产部队建有军垦农牧团场43个，拥有耕地77 260公顷，同时还兴办工业、交通、建筑、商业企业和科技、教育、文化、卫生等事业单位，为之后组建新疆生产建设兵团奠定了基础。

广东东莞援建的兵团第三师图木舒克市四十一团草湖镇

我们与东风农场的亲戚们

第一个“结亲周”

壹

南疆有座城市叫喀什，喀什南边有个县城叫英吉沙，英吉沙的意思是“新城”。距离英吉沙县城半小时车程有个农场，兵团第三师所辖，叫东风农场。

从南京到乌鲁木齐，飞行近5个小时，距离3 000多千米，从乌鲁木齐到英吉沙，先乘飞机1个半小时到喀什，再乘车1个多小时到英吉沙，若坐火车到英吉沙，则要23个小时，然后再乘车到东风农场。

入疆之前，我的目的地只有一个——乌鲁木齐，我没有想过会去一个更加遥远的南疆兵团团场，而且是每两个月就去一次，每次还要在那儿待五天五夜。

入疆之前，“维吾尔族”和“南疆”于我而言就是两个简单的名词，一个代表着“和我不同民族的一群人”，一个代表着“具有异域风情的新疆之南”。

我曾经在2010年带着女儿从乌鲁木齐一路向北，去了喀纳斯，到了禾木村。虽是夏天，山谷里凌晨的风却是寒冷的，我们站在高高的山坡上，看太阳从远方的一座山顶腾空跃起，然后慢慢擦亮掩映在白桦林中的禾木村，整个村庄就这样在阳光里醒来，升起了袅袅炊烟。

那次旅行，我们就住在禾木村的民宿里，我以为那是我最深入的一次旅行，那么近地走进一个村落，亲近一群村民，住进一户人家。那个时候，我是一名游客。

我没想过，援疆三年会无数次下沉南疆，会无数次走进维吾尔族老乡的家，会和玉苏甫哥哥一家人结为亲戚。

贰

我第三次去东风农场是2017年12月12日。

10月下旬，兵团机关要求每个单位只留下几个人保障办公的基本运转，其他人员全部下沉南疆参加劳动，一直到10月月底。可在出发的前夕，我却患了重感冒，被留在机关办公，没有和大部分同事一起下沉南疆。

进疆之后，很难将工作与生活完全分开，因为工作任务和工作时间更多地渗透在了平时的生活当中，无法划界。

这一次去东风农场是开展“结亲周”活动，为期一周，自带行李，与维吾尔族亲戚一家同吃、同住、同劳动、同学习。开始以为只是“一次”的活动，后来才知道那只是“第一次”。

乌鲁木齐室外天寒地冻，我也不知道哪里有商场，网购又来不及，一位援友便帮我从他的新疆朋友处借了睡袋。同一个办公室的英宝处长走到我桌边，递给我一盒防虫药，我将它装在了包里，心里感到好温暖。这些点点滴滴的温暖于我而言，最终会汇成暖流，缓缓地流入我的心间。

壹

天亮就要出发了，去东风农场。

玉苏甫哥哥家的女儿叫月日姑，正读高中，我想送她一个绘画本和一本诗集，却发现从南京带来的两个画本都已经用了，只有诗集《狄金森诗选（英汉对照）》了。

同事笑我："中英文对照？"我说："为什么不行啊？我希望这个女孩子喜欢诗，知道有远方。这样，她就能创造自己的生活，她就能影响很多人了，这可比帮助亲戚干农活更有意义。"

送给侄女一本诗集

我还特意抄了其中一首非常美的诗："要造就一片草原，只需要一株苜蓿，一只蜂，一株苜蓿，一只蜂，再加上白日梦。有白日梦也就够了，如果找不到蜂。"

那个时候，我还没有见过苜蓿，也没有想过苜蓿会随着这首诗走进我的视野。我第一次见到苜蓿就在东风农场，在玉苏甫哥哥家的核桃地里。我和嫂子一起在地里掐嫩小的苜蓿芽，用来包苜蓿馅饺子，后来再去农场时，它们已经长得很高了，高及我的腰部，我们和亲戚用镰刀收割苜蓿，给牛羊当饲料。

贰

我们一行八人，按照要求分成几个组，每组三人以上，经亲戚们同意，轮流入住我们的亲戚家。我和尤主任、陈主任一个组，先入住尤主任的亲戚吐鲁洪家。我和尤主任住一个房间，陈主任和吐鲁洪的儿子阿布都住另一个房间。

吐鲁洪家除了卫生间有门，其他房间都只有门框，晚上我们就在地毯上铺了五六十厘米宽的褥子，钻进睡袋里睡。夜里很冷，好在工作队为我们每个人准备了一条军被，我们就把军被搭在睡袋上面，用来御寒。平日我们都盘腿而坐，很不适应，有时候我会多找几个垫子，垫高了充当凳子。

吐鲁洪在农场算是有文化的，没事了就坐在地毯上看书。2016年以前，吐鲁洪一家依靠种植40亩土地为生，年收入约1.5万元，日子过得紧巴巴的。在工作队和尤主任的帮助下，他的妻子去了第三师四十一团纺织厂上班，每月有3 000元左右的工资，极大地改善了家里的生活条件。

女主人不在家，吐鲁洪又不会做饭，我发愁这午饭该怎么办。

没想到尤主任和陈主任都会做菜，于是我就负责打下手，并为他们拍了照。我对领导们说：“你们负责生活，我负责记录。”

第一天中午，陈主任做了大盘鸡、炒豆芽、炒青菜和西红柿蛋汤，阿布都还特意从学校请了假回来吃午饭。

女主人也从纺织厂赶回来看我们，但过了饭点，菜都冷了。我想热菜，但没看见厨房有微波炉，便问：“怎么热菜？”陈主任听到了，说：“我来。”

阿布都指了指陈主任，看着他妈妈说：“他是厨师，他肯定知道。”大家都笑了。我问他：“你真以为叔叔是厨师吗？”他表情认真地说：“是啊！”我告诉他：“叔叔可不是专业厨师，他是大企业的老总。”

后来，我们每次去东风农场，都会去看望吐鲁洪一家，阿布都也常常用他父亲的手机给我们发问候信息。2018年3月，吐鲁洪主动找到工作队，提出开办农资店的想法。工作队积极联系兵团供销总公司，协调供货渠道，又帮助落实开店门面以及与部分职工签订了供销协议。6月，吐鲁洪的农资店步入正轨，日子越过越好。

我叫古丽·佳玛丽

壹

2017年12月16日，天还没亮，就听说乌鲁木齐下大雪了。天亮时分，我们发现东风农场也下雪了。老乡说，这是今年的第一场雪。瑞雪兆丰年，好兆头，就像我们和老乡一家谈天、说地、读书，持一颗美好的心，结了一场善缘。

广场的雪地上有树叶、手印、足迹，还有小动物从雪上经过留下的痕迹。留心记忆，我们才会与美好、与温暖、与好时光相遇。

今天我们搬到了我的玉苏甫哥哥家。他的母亲、妹妹和妹妹家的儿子都过来看我们，那感觉就像是小时候家里来了远方的亲戚。

民以食为天，一家人其乐融融地坐在一起吃面条，预示着常来常往。晚上，大家都准备休息了，厨房里还传出嫂子切东西的声音，想必是在为大家准备早餐。

我记下了这个家里所有人的名字，我还在送给小侄女月日姑诗集的扉页上写了赠语，希望她能实现梦想，希望她能考上南京大学，我从没像现在这样为自己学习和工作的学校感到骄傲。这些经历绝对超出了我对援疆的所有期待。

玉苏甫哥哥家在老连队的老宅子里有2头母牛、23只羊、80只鸽子、4只鸡、12只兔子，还有一只“孤独”的鹅，门口那条对

玉苏甫哥哥家的牛

着我们狂吠却与主人握手的德国牧羊犬也还在。

听蒲处长说，玉苏甫哥哥很勤劳，工作队帮助联系养牛，有的职工不愿意养，他便多买了一头牛。哥哥每天早上和下午都要去老宅子喂养牲畜，玉苏甫哥哥家还有25亩西梅和13亩麦子。我相信，勤劳善良的人一定能创造美好的生活。

贰

在玉苏甫哥哥家的第二个晚上，大家建议我起一个维吾尔族的名字，哥哥说就叫古丽·佳玛丽吧！于是，在同事和家人的见证下，我有了一个维吾尔族的名字——古丽·佳玛丽，意思是像花一样漂亮的脸庞，这是哥嫂给予我的美好祝福。

跟着哥哥去老连队喂养牲畜的路上，右脚踩进一个坑里崴了一下。当时玉苏甫哥哥看了看我没说话，可当我一回到哥哥家，比我们早几步到家的哥哥就递给我一盒跌打损伤药，他对我说：“这个有用。”

中午，我们一行人与亲戚们，还有工作队和连队的干部们在综合楼一起包饺子，亲戚家的女主人们都是盛装前来的。有人摘菜，有人洗菜，有人剁馅，有人包饺子，有人煮饺子，我还是第一次吃皮牙子（洋葱）羊肉馅的饺子。

和亲戚们一起包饺子

虽然是我们自己买的食材，也是我们自己下厨，但我们还是坚持交伙食费。玉苏甫哥哥不肯要，说不能收自家人的钱。我说这是工作纪律，你不收就是逼我们违反纪律，他才收下。离开农场的时候，我请求他们写个收条，其实我是想留下亲戚的笔迹，做个纪念。

哥哥没上过学，不会写字，但是会说普通话，嫂子会写维吾尔族文字，却不会说普通话，于是哥哥口述，嫂子写字。我将写好的收条夹在了“民族团结一家亲”的记录本里，感觉很珍贵。

离开的前一晚，嫂子从房间里拿出了她亲手绣的枕套送给我。

嫂子很细心，每次我们坐下时，她看见我们不适应盘腿，都会立马拿出靠垫给我们。

“结亲周”期间，我和同事们一起参加了连队组织的党员座谈会。有一位1938年出生的维吾尔族老党员，他是1958年招工进的农

座谈会

场，是农场的第一批职工，和他同时进农场的职工目前只剩下6位了。他告诉我们，当时进农场时住的是地窝子，条件非常艰苦，他见证了东风农场几十年的变化。1978年，他因为表现优秀，被批准加入中国共产党。

叁

2017年12月22日，冬至阳生春又来。乌鲁木齐的中午时分，手机响起，拿起一看，竟然是玉苏甫哥哥，急忙接听，以为有什么事情。原来他是关心我的脚怎么样了，问我还疼不疼。瞬间，泪点较低的我感动得热泪盈眶。牵挂之真情，让人泪目。

我对玉苏甫哥哥说："过段时间再去看你们，哥！"

2018年2月16日，大年初一，新疆的正午时间，接到喀什的一个陌生号码，我边好奇边接听起来，是一个清脆好听的女声："姑姑好。"哇，是月日姑侄女，她用哥哥的手机打来的，然后玉苏甫哥哥接过电话，和我说话，给我拜年。我说："新年快乐！我大概3月份就会去看你们！"这是一个多么珍贵的拜年电话啊！我来到并打算融入的本是一个非常陌生的世界，却因为一份亲情消除了距离感，我愿意为这个世界的美好贡献自己的亲情之力。

在这次参加"结亲周"的路途中，我接到了学校新闻中心的信息，请我提供几张照片，想把我的援疆日志发表在《南京大学报》上。起初我是有些犹豫的，但是一想到自己在援疆之前都不了解"对口援疆"这一国家战略，对南京大学参加对口支援工作和援疆的几位老师所取得的成绩也不了解，新疆是全国人民的新疆，兵团是全国人民的兵团，我觉得我有责任让我的学生、我的同事、我的朋友们了解新疆，了解兵团，了解新疆、兵团的干部职工和援疆干部作出的贡献，要让对口援疆成为"常识"。于是，我欣然答应了新闻中心的请求。

陈主任的亲戚叫库尔班，身材魁梧，皮肤黝黑，五官棱角分明，陈主任常拍着他的肩膀说：“好兄弟！有没有人说你像电影明星？”库尔班不太会说普通话，但估计能听懂我们话语的意思。

库尔班有4个孩子，老三和老四是龙凤胎，也已经上小学了。孩子们的普通话都讲得非常好，他们对我们充满了好奇，围着我们问个不停，直到过了晚上12点，他们才不情愿地被赶去睡觉了。

一家人腾出两间卧室给我们住，我自己单独住一间，房间里堆满了东西，地毯上铺了一条一人宽的褥子，这就是床了。库尔班家的卫生条件比起我哥家和田楠的亲戚家都差了很多。每次睡觉时，我都会在大家的褥子周围喷洒自制的防虫水，就是将维生素B2溶化在水里，据说能防跳蚤，后来发现也没有什么用，可能跳蚤已经具有抗体了吧！

库尔班家有几十亩地，种植西梅等作物，他的爱人做得一手好吃的手抓饭。后来，在陈主任的帮助下，他的爱人去了四十一团纺织厂做女工，每月有3 000多元的收入，改善了家里的生活条件。

库尔班形象好，能歌善舞，他还参加了东风农场的舞狮表演队。

田楠的亲戚叫克依木，嫂子叫海民姑，有一双儿女，儿子在昌吉上大学，女儿叫艾提姑，在东风农场上中学。克依木的父母和我的玉苏甫哥哥住在一栋楼，艾提姑和我的侄女月日姑是好朋友。

和亲戚相处了六天，第七天的下午，艾提姑听说田楠叔叔晚上要离开，忙说："明天是我的生日，你留下陪我过完生日再走吧。"因为有工作安排，田楠非常抱歉地说："叔叔还有工作要处理，不能留下陪你过生日了，提前祝你生日快乐吧！"艾提姑失望地说："那好吧，叔叔再见。"但是，田楠心里很过意不去，总觉得有件事搁在心上，便想弥补遗憾，给艾提姑订个生日蛋糕。

田楠求助"访惠聚"工作队的蒲处长，请他们帮助联系车辆，赶到了英吉沙县城，找到一家蛋糕店。听老板说制作一个蛋糕需要40分钟，田楠便利用这个时间去附近的服装店又挑选了一套衣服。难为一个大男人了，他自己的孩子是一个男孩，这次却要帮一个女孩挑选衣服。买好东西后，田楠赶回农场，把蛋糕和衣服放在了艾提姑的爷爷奶奶家。

艾提姑的生日蛋糕

艾提姑在学校和同学们分享生日蛋糕

田楠离开时，给艾提姑的班主任打了个电话，告诉老师明天艾提姑要过生日，希望老师和同学们送给艾提姑一个生日祝福，祝她“生日快乐”。

第二天，已经回到乌鲁木齐的田楠接到了艾提姑的电话：“我把您送给我的蛋糕带到了学校，老师和同学们一起为我过了生日，那是我吃过的最好的生日蛋糕。谢谢叔叔，您让我过了一个这么特别的生日。谢谢您，田爸爸。”

3月“结亲周”

壹

三月春风，万顷蓝天。乌鲁木齐的蓝天，增一分嫌浓，减一分嫌淡。积雪开始融化，露出的草地掩映在雪水中；凋零的树叶映在蓝天里，姿态妖娆；鸟巢搭在枝杈间，兀自招摇，等风绿，等鸟归。

昨天很特别，下午填写民族一家亲的记录本时，我发现玉苏甫哥哥的生日是3月8日，便给他发了一条生日祝福的短信，一直没有收到回复，心想也许身份证上的生日和实际生日不一致。晚上看到大侄子发的朋友圈，果然是哥哥的生日，祝玉苏甫哥哥生日快乐！

今天要开启人生中第一次通宵值班模式。没带洗漱用品，没带拖鞋，只记得在包里放了一条薄棉运动裤，我去超市买了牙膏牙刷和一盒酸奶，开始值班，到明天上午10点结束。

晚上10点之后，我把办公室所有的窗帘都拉上，把门锁紧，再也不敢出门，一直坚持到清晨。

远方的学生给我打了一个电话：“你要在那边待三年啊？”“组织说两到三年。”“三年有点长了。回去能解决啥？”“无所谓，在哪儿都是工作。”“你想得开。”

不想多聊，我挂断了电话。援疆已过半年，我没有兴趣和任何人讨论这个话题，懒得解释，每个人的援疆动机，自己懂，有人懂，无须人人都懂。

永远都不要纠结一件事的意义，只要记得，既然被赋予了责任，就必须去完成。不思量，让时间引领自己前行。我相信援疆经历一定能收获我之所愿。

贰

时间已到3月下旬，雪在融化，小草是这座城市的第一抹绿色。院子里的大树依然如铜丝般泛着金色，枝杈间的鸟巢也依然空着。融雪的湿润给这座城市送来些许南方的味道，碧蓝的天空也给这座城市增添了春光的明媚。

我们再次离开乌鲁木齐，赶赴东风农场。这一次，明确要求“结亲周”每两个月一次，每次五天，同吃、同住、同劳动、同学习，自带行李，三人以上组队，轮流入住亲戚家，交纳伙食费。

初春的喀什，馒头柳才刚刚抽出绿色，这一次发现英吉沙县城的街道两旁竟然还有梧桐树。

第一天一大早，我们和玉苏甫哥哥一起去地里种西梅树，帮嫂子摘苜蓿。老连队的路口有一辆大卡车，车厢里拉的是成捆的西梅树。西梅树5元一株，玉苏甫哥哥买了10株，用于田间补种。

这次同行的综合处的赵处长一分钟能挖一个树坑，我自愧不如，只能干扶正树苗的活儿，后来我干脆去帮嫂子掐苜蓿了。初春季节，地里的苜蓿刚发芽，和荠菜差不多，趴在地上，我们就捡很绿很嫩的头掐下来，放在塑料袋里，没一会儿就掐了很多，拿回去洗干净，用开水烫一下，就可以剁成饺子馅。拿苜蓿做食材的季节很短，因为苜蓿很快就会长高变老。

下午，我们去赵处长亲戚家的果树地里学嫁接，老乡将西梅枝嫁接在桃树的枝干上，看着简单，做起来其实很难。走在田垄上，感觉3月傍晚的风还是有点儿凉的，但是也已经春风似剪，剪出了绿丝绦。

喀什古城民居

2003年6月落成的乌鲁木齐新疆国际大巴扎是世界规模最大的大巴扎，是新疆旅游业产品的汇集地和展示中心，是“新疆之窗”“中亚之窗”“世界之窗”，重现了古丝绸之路的繁华，集中体现了西域的民族特色和地域文化。

巴扎是维吾尔语，意为“集市、农贸市场”，它遍布新疆城乡。在南疆维吾尔族人聚居地区，差不多每个乡镇、交通路口都有巴扎，每个地方的巴扎都有相对固定的时间。

位于乌鲁木齐的新疆国际大巴扎

头一天，听到亲戚们准备去英吉沙巴扎买东西，我就问“访惠聚”工作队这几天哪里还有巴扎，我也想去看看。打听了一下，了解到今天在距离东风农场几千米之外的萨罕乡就有巴扎，于是我们就跟着一位维吾尔族职工一起去了。

途中，看见麦田里有几树杏花正在开放，南疆最美丽的季节就要随着杏花来了。新疆的杏花就像南京的梅花，随处都会冒出一两株，路边、田间、院落里，各种颜色，也有像明孝陵梅花山一样成片成片地开成花海的。听说伊犁吐尔根就有一个杏花沟，漫山遍野都是杏花，就像歌里唱的："心上人，我在可可托海等你，他们说你嫁到了伊犁。是不是因为那里有美丽的那拉提，还是那里的杏花，才能酿出你要的甜蜜。"

路上经过一个村口，发现设了自制的栏杆，那是用来检查车辆的，其实就是一根大树干，一头绑着大石头，另一边是个木桩子。车辆经过时，经检查确认没有问题了，便有村民松开绳子，把树干翘起来，将车辆放行。

萨罕乡的巴扎在一个大院子里，和内地的批发市场差不多，唯一不一样的也许就是有入口和出口，入口处有安检通道，出口处有旋转的栏杆。

巴扎太"土"了，一是因为到处都是土，脚下是尘土，空气里也是尘土；二是因为它太接地气了，在那里你能看见最原始的、最接近本土的人物和风情。

一位老者熟练地包着薄皮包子，薄皮包子是南瓜馅的；烤包子店的小伙子看到我在拍炉子里的包子，便主动摆出姿势让我拍，烤包子是羊肉馅的，1元一个；有个大盆子里盛满了豆子做的食品，豆子叫鹰嘴豆；自制的冰激凌特别甜，2元一小盒；在新疆才见过的黄冰糖15元一公斤；烤肉串5元一根，现切羊肉，现用铁签子串起来，

烤包子的烤炉

现场炭烤；还有肚包肉，就是把羊肚子切成若干份，分别装上几种羊杂，然后用牙签缝合后，在一口底下架火的大锅里煮熟。

路上有摆摊剃头的，理发师穿着白大褂，像很多年前的剃头师傅；一位身形瘦长、留着山羊胡子的老人在卖药茶，他就坐在一张小凳子上，面前的地摊上摆放着各种药茶。客人要啥，老人不用起身，只用一把长柄勺在那袋子里挖一勺，然后倒在一张纸上，包起来交给客人，一笔买卖就做成了。有很多老汉啥也不做，就坐在路边晒太阳，有一搭没一搭地说说话。

整个集市是分区域的，美食区、服装区、百货区、羊牛肉区、蔬菜区。走在巴扎里，见识了南疆的风土人情，品尝了维吾尔族的本土美食，购买了一条民族特色的丝巾，拍下了一个个生动友好的面孔，我慢慢懂了那句“不到喀什，不算到新疆”。

悄然无声的古城

自2017年9月开始，我已经到喀什4次了，却从没有去过喀什古城。这一次离开前经过古城，进去匆匆转了一圈，用镜头留住了夕阳里的古城影像。

街上游人稀少，街边的商铺货摊门可罗雀，整座古城静悄悄的，像是在打盹，慵懒迷离，悄然无声。

好不容易找到一家开门营业的礼品店，买了一个民族手鼓，打算带回乌鲁木齐装饰房间。虽然那里只是宿舍，但我依然希望它很漂亮。不论何时，我们都要认真对待自己的生活，不能辜负每一段经历。

回到乌鲁木齐的宿舍，紫色的风信子开花了。可是，它带来的美好无法抵消身上十几处拇指大小的跳蚤咬痕，还有满卫生间待洗的衣物、背包，还有一种没有力量坚持的颓丧感。

除了跳蚤之外，其余的困难似乎都能努力去克服。过敏体质兼疤痕体质的我，即使被一只蚊子叮过都会肿好几天，一抓就破，更别提被跳蚤咬过的地方了。

于是，我常想一个问题：交融到底要融什么？是要我们努力去适应，还是要我们努力去改变和创造一个美丽的农场？

害怕将跳蚤带回乌鲁木齐的宿舍，于是昨晚打药、清洗、通风，夜里睡觉冻得浑身发抖，蜷缩成一团。一早坚持起床，喝了两袋药后，赶去机关加班。

开始想念这个季节南京玄武湖樱洲如云的樱花，想念南京大排档的酒酿元宵……有一种脆弱需要力量来坚持，有一种颓丧需要美好来鼓舞。

喀什高台民居

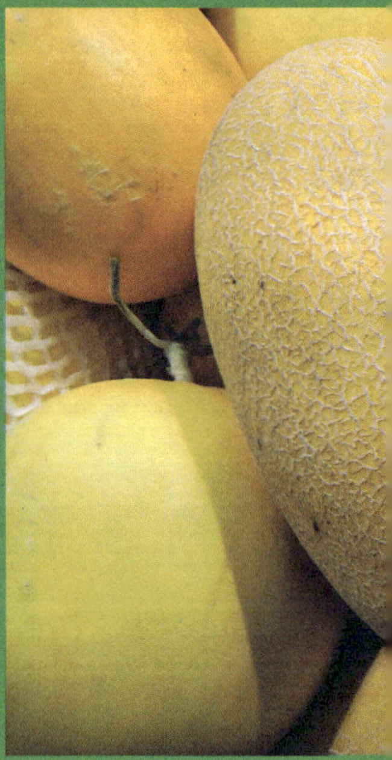

壹

2018年5月，休假刚刚结束，我在南京禄口机场的候机室里和家人道别后，写下了这句感慨："往返皆归程，边城鼓声犹在，再启程。"

再回到乌鲁木齐，看到紫叶李开得竟如此好看，兵团机关院子里的紫叶李在春天开花，初夏时节已经结果了。

虽是初夏时分，今日摇曳果枝的却似乍起的秋风，透着一丝清冷。要向自然学习，该开花时就怒放，该结果时就丰收，春自华夏则实，不问气候变幻。兀自前行，不回头。

6月4日，陈主任、田楠和我组成一组，再次到东风农场开展"结亲周"活动。

我们第一站先到连队报到，援疆办的郭处长、小陈和小曹组成了新一轮 "访惠聚"工作队，年初已经到岗，郭处长任队长。小陈和小曹的孩子都很小，还没上幼儿园，小曹还是个女同志。我在东风农场见到小曹时，她着一身迷彩服，和在乌市时判若两人，脖子处看得见的地方都是跳蚤咬的疤痕，让人触目惊心。

玉苏甫哥哥听说我们到了，便跑到连队来迎我们。每次看到他欢喜的表情，我的笑容也会随之绽放。上一次走的时候，我们将睡袋等生活用品存放在了玉苏甫哥哥家。

第一晚我们先入住了陈主任的库尔班兄弟家，两个大孩子不在家，女主人在纺织厂上班，家里只有库尔班和两个龙凤胎，我们到的时候，小儿子还在写作业。

打开行李铺好床，我们便边盘腿坐在客厅里聊天，边看孩子们写作业。对跳蚤的恐惧，在看到小曹身上的咬痕时，变得没那么可怕了，他们是常年在此，我们只是每两个月来一次，没什么不能克服的。

第二天一早，陈主任为大家做了早餐——西红柿鸡蛋面。吃完早饭，我们跟着库尔班兄弟到老宅子去喂牲畜，他家除了牛之外，还养了一头母驴和一头小驴，他每天都要去挤驴奶，说喝驴奶对心脏好。我们坐着库尔班的三轮车去地里割苜蓿，牲畜吃多少就割多少。

东风农场里只有几个小超市和几家小吃铺，都很简陋，超市里商品也不多，蔬菜也不新鲜，小吃铺也只有拌面和烤肉，门口偶会有老乡推着三轮车卖水果和馕。当天晚上，我们选了一家小吃铺请亲戚们吃烤肉和拌面，孩子们吃得很开心。

贰

答应玉苏甫哥哥第三天去他家住，这天一大早，哥哥就到库尔班家来接我们了。玉苏甫哥哥虽然没上过学，但是心灵手巧，又懂水电，还会说普通话，于是有机会揽到一些工程活干，给家里增加一些收入。

玉苏甫哥哥去年底买的两头牛，有一头已经怀孕3个月了。25亩苜蓿也都收割完了，哥哥一个人干不了，就花800元钱雇了个小工一起干。

哥哥家老宅子门口有一棵桑树，上面长的白桑葚很清甜，是我吃过的最好吃的桑葚。哥哥告诉我们，他12年前买了10只羊，至今养羊已经收入7万元了，羊也变成了27只，还有80只鸽子。

因为要招待我们，哥哥非要杀两只鸽子。奶奶穿着绣花鞋，坐在老宅子门前收拾鸽子，哥哥用柴火点了一堆火，把褪了毛的鸽子用火烤一下，去除绒毛。

田楠的亲戚克依木夫妻俩在四十一团纺织厂上班，因为不好请假，我们每次来都很难碰到，但是这次他们夫妻俩特意请假从纺织厂赶回来，中午请我们吃手抓饭。他们夫妻俩的胸前都戴着工牌，有一种“我是产业工人”的自豪感。他们家有一组小沙发，还买了一辆红色的二手轿车。

克依木的家

我的嫂子很好学，也很聪明，下午她就坐在地毯上，拿着口语班的课本学习普通话，田楠坐在她旁边，对着课本考她。前几次来，嫂子一句普通话都不会说，这次已经会说“谢谢，早上好”了。

巴吉姑嫂子在学普通话

晚上，陈主任做了一桌菜肴，我和哥嫂、侄子侄女围坐在一起吃晚餐。侄子努尔艾力正在学习吉他，饭后，他弹着吉他唱起了流行歌曲。月日姑和艾提姑会用普通话唱《送别》，于是，我们大家合唱起来：“长亭外，古道边，芳草碧连天……”

叁

东风农场的宿舍楼下开满了蜀葵花，白色的、粉色的、红色的，开在高枝上，争相斗艳。

第五天的中午，嫂子要包韭菜鸡蛋饺子给我们吃。嫂子善厨艺，我看过她做拉面：和好面，抹了油，搓成条状，再一圈圈盘起来，醒一会儿面，然后拉成很细的面条。今天，她把面团擀成一张大饼，折叠后，用一个金属圆圈器具压出圆圆的饺皮，我还是第一次见这种做饺子皮的方法。

下午，我们又去了老宅子喂羊，还去地里看了西梅，空气里弥

巴吉姑嫂子在压饺皮

漫着青草和土地的芬芳。傍晚时分，哥嫂在楼下剥核桃，后来才知道是准备给我们带走的。晚上11点，我们去连队夜校，陈主任给职工们上党课，向干部职工宣讲十九大精神。下课后，援友三人走在东风农场的月光里，然后回到玉苏甫哥哥家，和哥嫂聊天至深夜。

壹

“这一段长路走得有些远。有时身心俱疲。耐住性子，不懈怠，总之要走完……通常它也是艰辛的。需要抵抗住疲劳、偶尔升起的沮丧、有些沉重的孤独感及自我省察。”网上读到的这段文字深深触动了我。

2018年8月2日，再收拾，再出发。我对自己说：“要像战士一样，抖擞抖擞精神！”

上一次乘坐飞机是6月，今天再来乌鲁木齐机场，眼前突然一亮，安检处竟然大变样了，宽敞、开放、亮堂，还摆放了绿植，再不是之前的狭窄拥挤、气味杂陈。感受新疆的变化，先从四通八达的机场开始吧！

出发，向南。英吉沙县城街头也不一样了，街边的水果摊果香诱人，卖酸奶的小姑娘笑脸相迎。

一进玉苏甫哥哥家的单元，发现楼梯被水冲洗过了，客厅干净整齐，电风扇开着，这显然是在迎接我们。桌子上有巴吉姑嫂子自己打的馕，很适合当零食，广场上依旧是欢歌笑语。

本来今天在乌鲁木齐有一场约会，有一场盛情晚宴，下午应该搭新疆大学学生的车去机场，迎接来自南京大学的亲友团，他们一行六人，其中有我的先生。但是，我已经在东风农场了，只好麻烦乌鲁木齐的维吾尔族学生。亲友团将搭乘8月3日的航班，从乌鲁木齐飞来喀什。

玉苏甫哥哥家有3棵嫁接在巴旦木树干上的西梅树，已经到了收获季节。有二十几个老板来农场拍卖过了，24.8元一公斤。这几天，农场就要开始采摘西梅了。起了个大早，趁着太阳还没发威，我们赶紧跟着玉苏甫哥哥去地里干活。月日姑和艾提姑这一对好朋友，也跟着我们一起去喂羊、喂牛、摘西梅。

奶奶和艾山江

清晨，在院子里，我遇见了玉苏甫哥哥的母亲，她背着一个小婴儿。我仔细一看，小婴儿驮在老人的背上，并套在老人的棉袄里，一老一少，奶奶眼神慈祥，孙儿则瞪大了好奇的眼睛，并将小脚趾头从棉袄底下露了出来。我举起相机，抓拍到了这个镜头。

每个连队都新建了一个馕坑，在两栋楼房的中间。

巴吉姑嫂子一早起来，用牛奶和鸡蛋和面、发面，然后揉成饼状，再用一个类似印章的器具在上面压出花型，原来在巴扎上见到的这种物件就是打馕的模具。馕坑用柴火烧得滚热，嫂子在坑壁上撒上盐水之后，将馕饼贴在坑壁上，我就眼巴巴地看着馕饼变得金黄，香味扑鼻。嫂子趴在馕坑上，快速地取出烤好的馕。大家分享了第一个出坑的馕，简直是太香了。

巴吉姑嫂子在做馕

一群孩子围着馕坑玩耍，其中有个孩子头发短得贴着头皮，乍一看还以为是个男孩，再看她戴着耳坠，原来是个女孩。玉苏甫哥哥的妹妹就坐在楼下藤蔓绿荫处的凉床上歇息，几个孩子或站或蹲。邻居家的妇女穿着花色连衣裙，戴着白色珍珠项链、粉色耳坠，头戴浅蓝色丝巾，笑嘻嘻地看着我。

如果没有迈出这一步，或许我有很多机会见到蔚蓝天穹下的盎然万物，听闻昼夜晨昏间的大美天地，但我一定没有机会如此近地走进另一个民族，如此真切地感受到使命之神圣。

在院子里碰见了玉苏甫哥哥，我从没见他如此干净整齐过，他每天喂养牲畜，下地干活，穿着也不讲究。今天一看，刚刮了胡子，穿着白衬衣、牛仔裤，给人感觉特别干净整洁。

农场安排了车辆送我去喀什机场，迎接来自南京大学的亲友团，他们此次南疆行的目的只有一个，就是来看望我在东风农场的亲戚。玉苏甫哥哥一家人一改往日劳动时的装束，也是为了迎接我的南大亲友团。

维吾尔族非常注重待客之礼，哥哥家的客厅里搭了两张长条桌，那场面真的很隆重了，桌上摆了干果、西瓜、哈密瓜和葡萄，还有香喷喷的馕，嫂子准备了手抓羊肉、手抓饭和大盘鸡。

亲友团成员除了我的先生，还有我们的老师、我们的学生，都是南京大学的教授。我的亲友团一踏进玉苏甫哥哥家，就被请到了

南京大学亲友团赴第三师东风农场看望老乡并与返乡大学生进行座谈

上席，嫂子给大家端上了茶水，那些茶碗平日里都是整齐地收在柜子里的。

我的先生给玉苏甫哥哥家带来了南京大学的T恤、南京烟、夫子庙小吃等礼物。

酒过三巡，不知谁的手机放起了舞曲，先生虽胖，却能歌善舞，他随着音乐站起身，邀请我的巴吉姑嫂子跳起了维吾尔族舞蹈，先生还会动脖子，真是惟妙惟肖的。我一直觉得先生如果贴上两撇小胡子，戴上小花帽，就是一个地道的维吾尔族壮汉。巴吉姑嫂子这天穿了一条黄色的连衣裙，平日从未见她穿过，想必也是在一些重要场合才穿的。

亲友团的老师们对我说："要不是你，我们不可能走到这样一个地方，还到了一个老乡家，这可真是一次'深度'游啊！"

下午，南大亲友团的教授们来到综合楼，与东风农场暑期返乡的大学生进行座谈。教授们和大学生们谈专业学习，谈民族团结，鼓励他们学有所成，报效祖国。

结束座谈时，已经是傍晚了，亲友团要乘车返回喀什。走到停车的地方，看到玉苏甫哥哥等在那里，他一定等了好久，就为了和我的亲友团告个别。

这是我援疆岁月里有历史意义的一天。我在南京的亲朋好友不远万里来到祖国的大西北，来到南疆一个偏僻的兵团农场，看望这里土生土长的一家人，这一家人是我在南疆的亲人，我就像一根纽带，将本没有任何关系的两个群体联系在了一起。这正是我们从事工作的意义所在，在历史的长河里，这项有意义的工作必将为"民族团结一家亲"书写浓墨重彩的一笔。亲友团的到来也是我援疆岁月里的闪光时刻。一次握手，一顿午宴，一场舞蹈，一生亲戚。这一天，我知道我没把结亲当任务，玉苏甫哥哥家也把我们当成了亲人。

肆

送亲友团回到喀什后，我返回东风农场，坚持完成“结亲周”任务。我背着双肩包，手提一大袋南大的T恤衫，按照田楠发来的地址，去他的亲戚家，和他们会合。走在中午的烈日下，路上遇见一两位连队的职工骑车经过，那感觉很奇怪，内心竟有一种返乡感。

田楠哥哥的爸爸剥核桃给援友吃

知道我们要离开了，亲戚们准备了核桃、巴旦木。玉苏甫哥哥采摘了新鲜的西梅送给我们，而且不肯收我们的钱，但是我们坚持以高于拍卖价的价格付了钱，哥哥最终拗不过我们。

8月份要开展进疆满一年的考核，学校来看望和考核我时，我向学校领导、专家们介绍了我的工作，谈及了“民族团结一家亲”。当时，我一口一个“玉苏甫哥哥”地叫，以至于他们都说：

“听你叫哥哥的感觉，你是真把他当亲哥哥了。仔细一想，我内心还真是这么想的，就像玉苏甫哥哥一口一个“我妹妹”地叫，他也真的把我当亲妹妹了。

保持革命乐观主义精神，于我而言，简单一点就是在战斗的过程中保持自己发现美的能力和捕捉并定格感动的瞬间。

面对浑身被从未谋面的虫儿们咬的包，看着每次被跳蚤留下的咬痕，看着膝盖上被狗追跌倒的伤疤，看着镜中烈日掠过脸庞后的颜色，我会给自己打打气。

我告诉自己：很多年以后，艰难困苦会被忽略，但是我会记得曾经迈过的苜蓿草地，记得走过的落日余晖中的田野，记得亲自采摘的甘甜的西梅，记得玉苏甫哥哥老宅子门口那满树的白桑葚，记得挂在楼下树干上老乡自制的漂亮摇篮，记得飘扬在我战斗过的南疆东风农场上空的五星红旗。

伍

完成“结亲周”任务后，我请了几天年休假，去克州的阿图什和南大亲友团会合。南大亲友团应邀去了一位江苏教师援疆所在的克孜勒苏职业技术学院。

江苏省援建新疆的两个地区，一个是伊犁州，一个就是克州。克州全称是克孜勒苏柯尔克孜自治州，在中国版图“鸡尾”的位置。乌恰县就在克州境内，那里是送走中国最后一缕阳光的地方（阿克陶县实际为中国的最西部）。兵团第三师的托云牧场和红旗农场就在克州境内。

少数民族的民歌大多以爱情为主题，新疆的民歌也不例外，在网上一搜“阿图什”，便出现了一首阿图什的民歌：“长长的绳子拴在树干上荡秋千，管他别人说什么，只要我们愿意。我只要寻求欢乐，如我所愿。心上的人啊，我是生长在你院子里的花儿，我是铺在你庭院里的地毯。什么时候你才能看上我啊，心上人？我是你插在额头上的花儿。”

见到亲友团前，我一个人背着包走大街，穿小巷，就为了寻找只有阿图什才有的新鲜无花果。阿图什的大街上，只有我一张汉族面孔。新鲜无花果就和包子一样大小，形状也很相似，顶端有个小口，可见里面的芯，因为特别甜，所以被称为“糖包子”，但因为不适合长途运输，所以我在南京从未见过这种新鲜的无花果。

这一点和南疆的小白杏很相似，小白杏个头不大，果肉呈黄白

赛里木湖

色，肉质细嫩，味极甘甜，多汁，即使搭乘飞机随身携带，几个小时之后，品质也会大受影响。

亲友团里的一位老师恰巧那一天过生日，我们便在阿图什为他庆祝生日。席间，我举起酒杯说："欢迎你们来我们新疆。"他们都瞪大了眼睛，看着我说："你俨然以新疆人自居了啊！"

我陪着亲友团一起去了赛里木湖，赛里木湖位于北天山山脉中，是新疆海拔最高、面积最大的高原湖泊，是我去过的最美的湖泊。远处是雪山长云，水天一色，天地如洗，湖水湛蓝，深邃而神秘，被称为"大西洋最后一滴眼泪"。

途经湖边一片草原，三面环山，一面临湖，这就是西海草原。休息时，遇见一家哈萨克族人，男女老少都穿着哈萨克族的传统节日服饰，原来他们在为家里5岁的女孩庆祝耳环礼。

他们是开着几辆车来的，在草坪上铺了一条大大的毯子，上面放了食物和水果，其中一种是他们自制的奶疙瘩。一位年轻的少女染了黄发，一位男子弹奏着民族乐器，他们的欢声笑语不仅感染了我们，也感染了这片草原。其中一位男子穿着花T恤，他拿着单反相机在为家人拍照。5岁的哈萨克女孩穿着一身特别好看的民族连衣裙，戴着红色的有一根翎毛的花帽，耳垂上戴着银色的耳环。

哈萨克族女孩

哈萨克族有一句古老的谚语："歌和马是哈萨克人的两只翅膀。"这一家人就是哈萨克牧民，他们指了指远方的山，说他们的家就在山那边，家里早已买了车子，染黄发的女孩马上要出去上大学了。

他们弹奏着乐器，跳起了哈萨克民族的传统舞蹈"黑走马"（哈萨克语为"卡拉角勒哈"），我的亲友团们也加入了舞蹈队伍，男子们模仿着黑走马跑、跳、跃的姿态，刚健苍劲，女子们展裙吊花，动作优美。大家载歌载舞，抬头是蓝蓝的天空和白白的云彩，远方是清清的湖水，背后是翠翠的山峦，脚下是一望无际的草甸。

给我一次招待亲人的机会

壹

2017年10月，我下沉在东风农场，错过了乌鲁木齐的第一场雪。2018年的第一场雪，比去年晚了10天，我恰好在乌鲁木齐，亲眼看见雨丝慢慢变成冰雹、雪花。傍晚走在街上，停靠路旁的车顶已经落满了白雪，地上也有了尚未完全融化的雪，踩在脚下有些滑，举着伞把的手感觉有些冷。

援友们在期许来年的初雪，因为那之后就是第三个春暖花开之时，就到了凯旋的时候。我却不想期许未来，只想待在此时此刻，看雪纷飞，看寒冬来临，看季节变换，看时间消散。若有期许，今天是重阳节，遥祝老爸老妈一切安好！

早晨，兵团机关院子里树上的雪飘落殆尽，只是草坪上还有些积雪。几位援友沿着雪径散步，我就站在路头，看着他们从路那头走过来，微风吹过，粉雪洋洋洒洒飘然舞下。

西北的雪和南京的雪完全不同，南京偶尔下雪，且雪中水分较多，重量也较重，所以常有积雪压折了树枝；西北的雪则像面粉，被称为粉雪，难得见到积雪压垮树枝的，有时候看见树上有积雪，使劲跺跺脚，雪就会像粉一样洋洋洒洒落下。接到婆婆的电话，我伸出手来，忍着寒冷接听："你那下雪了，注意保暖啊！"

这一路也不知遇到过多少人，有人错肩而行，偶然相遇；有人共行一段，分手道别；有人直生生地撞进身心，然后穿越而过；有的人则像这雪，融在了心里，相伴同行……

再启程，去东风农场看亲戚。

贰

我们在英吉沙县城找超市买礼物，站在街上看市井生活。有个食物摊，支了一张桌子，烤架上烤的是鸭子肉，旁边有个大铝锅，里面蒸着饼，老板把烤好的鸭子肉撒上调料，往热乎乎的饼里一夹，两个维吾尔族巴郎子已经坐在那等着了。每一个地方，每一个年代，对孩子们而言，总有这样盼望着放学后奔去的美食吧！

在小吃摊吃美食的巴郎子

又到了棉花丰收的季节，巴吉姑嫂子去四十五团摘棉花了，侄子侄女住校了，只有玉苏甫哥哥一人在家，家里冷清了许多。

田野里的核桃树、梨树上还有没被采摘的果实，梨树下的落叶丛中有许多掉落的梨子，有一些还是很饱满新鲜的。

援疆已经一年了，面对艰苦的工作环境和巨大的工作压力，思想有动摇，内心有挣扎，常常让自己回想出发的那一刻，想想当初的理想。看着掉落在田野里的梨子，我写下了这段话：“掉下的梨子再也回不到树枝上，流出去的时光再也回不到最初。若抛弃一切旁念，心的目标是啥？坚持还是放弃？哪里是心意所致？戛然而止的永远都不会是岁月。”

巴旦木丰收了，我们入户走访时，院子里走几步就可以看到一堆巴旦木，大人在剥巴旦木，放假的孩子们也在剥巴旦木。

院子里随处可见孩子们在玩耍，我用相机捕捉了这些童颜。一个女孩穿着拖鞋在跳绳；两个男孩在帮妈妈剥巴旦木，其中一个系着红领巾；两个小伙伴在聊天，一个手里捏着个吃了一半的馕，一个手里握着个玩具；一个将衣服披在头上的小姑娘远远地走过来，手里攥了一把树叶，我蹲下去和她说话，她则害羞地用手抓着额头；一个四五岁的男孩抱着个玩具，害羞地藏在挂晒在三轮车上的毯子后面；正在吃西瓜的小男孩看我拍他，害羞地揪住爷爷的前襟，直往爷爷身上靠。

中午应邀前往玉苏甫哥哥的母亲家吃饭，恰遇可爱的巴郎子艾山江过一周岁生日。艾山江是玉苏甫哥哥妹妹的外孙，他的父母在喀什打工，所以将他托付给外婆照顾。今天因为是孩子的生日，父母都赶了回来。我们三个援友都准备了红包，祝福艾山江健康成长。

东风农场里不少职工家都买了汽车，外出上学的孩子也都回到农场参加实习。散步路过馕坑，看到连队的职工正在烤包子，看见我们路过，便主动热情地挑出几个模样周正的递给我们品尝。

南疆的这个季节真美，田野也美，果实也美，影子也美，足迹也美，我们所做的事情也美。通过中纪委援友的联系，我们为连队职工募集到300件棉衣，并在下午举行了棉衣发放仪式。

在连队帮忙的一个维吾尔族女孩刚从喀什大学法律系本科毕业，正在备考法律专业的硕士研究生，正好我对法律硕士联考比较熟悉，工作队便请我给她做备考辅导。我问了她的情况，给了她一些指导，鼓励她为理想而努力学习，在和她的交流中，我找到了在学校的感觉。

中午，玉苏甫哥哥去了妹妹家吃饭，我们便临时决定去英吉沙县城品尝著名的鸽子汤。2018年6月来东风农场结亲时，陈主任认识的一位山东民营企业家恰好在英吉沙县联系种植东方牧草，我们邀请他来到了东风农场，后来我们搭他的车去英吉沙县城菜市场购买食材。他说他住的酒店附近有家鸽子店，他就把那儿当食堂，因为他也不了解哪里有菜市场，于是便请鸽子店的老板帮忙。我们在英吉沙县城的一个路边停车，接上了鸽子店的老板。当时，我只是随手定了位，并收藏了地址，但是只有地址，并不知道这家鸽子店的店名。

英吉沙县城艾尼清炖鹁鸽汤店的约麦尔江

这次我们寻址而去，到了路边，就问路人这附近有没有鸽子店，没想到大家都指向同一家。一进店，我们就看见了熟悉的面孔，老板也认出了我们。他家的烤鱼和鸽子汤味道鲜美，而且价格也便宜。虽然只有一面之交，可老板却非常友好热情，不肯收费，并表示我们是永久的朋友，让我们给他招待朋友的机会。

他家的鸽子是去附近的村子里收的，煮鸽子的汤料里放了多种材料，鸽子汤里有鹰嘴豆，还有掰成小块的馕。除了一碟鸽子汤之外，还有一碗用鸽子汤下的面条，味道特别鲜美。烤鱼也是一小碟，分量不大，刚好每人一份。这是他和他的婶子一起开的店，店里的服务员都是家里的亲戚。他生怕怠慢了我们，又让家人去附近最好的烤肉店买了羊肉串和烤包子，还有小桶装的石榴汁。

如果大家有机会来英吉沙县城，记得一定要去艾尼清炖鹁鸽汤店，老板是一位维吾尔族人，叫约麦尔江。

壹

喀什的冬天没有绿色，馒头柳的枯枝被修剪得像齐刘海。2019年1月，我们春节前来走亲戚，给亲戚们拜个早年，巴吉姑嫂子准备了一桌的水果、点心和馕来迎接我们。这次，我给侄子侄女带了几本书，希望他们可以喜欢上阅读。

1月14日一大早，我们就摸黑爬起来了，赶去疏附县的一个中学参加“一带一路”广东援疆首届狮王争霸赛，来自附近各个中学的舞狮队都来参加比赛，各显身手。广东省对口援疆前方指挥部的领导和陈主任还上台为“狮子”点睛。

东风农场的舞狮队

2018年4月月初，兵团援疆办和广东省对口援疆前方指挥部在东风农场联合调研时提出，从东莞引进醒狮表演到东风农场，是为了丰富当地各族群众的文化生活。广东醒狮属于中国狮舞中的南狮，是一种地道的广东省传统民间文化，融武术、音乐、舞蹈于一体，不但国内有名，且扬名海外，彰显了中华民族的文化魅力和自强不息的精神。

就这样，东风农场成立了南疆第一支农民（职工）醒狮队，经过1年多的发展，东风农场已打造成立了从职工到学生各年龄段的舞狮队6支，由最初的11名维吾尔族队员，到现在有舞狮队员30余人。

今天，东风农场的舞狮队也到场进行了表演，并赢得了满堂喝彩。陈主任的兄弟库尔班是舞狮队的乐手，演奏打击乐器——钹。听“访惠聚”工作队的郭处长介绍，东风农场还在筹划组织划船队。

中午，我们和舞狮队的队员们一起在一家小店里吃了拌面，下午赶回东风农场参加了爱我中华讲好普通话汇报展示活动。每个连队表演一个节目，或唱一首歌，或朗诵，都用普通话，还有写字比赛，看谁听懂了，写对了。集体项目是合唱《兵团进行曲》：

爱我中华讲好普通话汇报展示

“……边关最前沿，谁说无人烟？荒凉戈壁滩，变成大花园。国土多宽，兵团多宽，生命界碑，永不复员。维稳戍边一肩担，忠诚写满天地间……”

我一扭头，发现一个小女孩正站在我背后盯着我的相机看，我问她能不能给她照张相，她笑而不语，她的笑容比大大的、扑闪闪的眼睛更美。

贰

抱着小羊的巴吉姑嫂子

一早，巴吉姑嫂子做了拉面，我们吃了个肚满脸圆，然后一起来到了老宅子。玉苏甫哥哥家的母牛生了一头小牛，工作队发的鸡苗已经满院子乱跑了。我要给嫂子留影，可嫂子一定要抱上一头小羊，对嫂子来说，这些羊就是她的劳动收获啊！

中午，我们又一次来到艾尼清炖鹁鸽汤店，其实是特意来看店老板约麦尔江的。我带了一袋红茶给他，这是我们第三次见面了。他告诉我们他的女儿在东北上大学，很久没回来，他很想念女儿。

我们给几家亲戚发放了冬衣，连队还安排我给大家做冬季卫生习惯的讲座，我便讲了一些最基本的生活小常识，比如多少时间换牙刷、换毛巾，怎么清洁洗衣机，怎么用小苏打粉清洁地毯，怎么在冰箱里放卷纸以祛除异味……男同事们说我开始讲得很接地气，后来就跑上天了，因为有一些生活小常识他们都不知道，估计老乡家根本用不上。

就像2017年12月我送给月日姑侄女一本中英文诗集一样，我就是想让老乡们了解现在看起来是跳起来够不到的东西，但是一定会有那么一天，这些会成为他们的日常习惯。趁着做饭打下手的时间，我帮哥哥家打扫了已有霉渍的冰箱，彻底清洗了电饭锅锅盖，并清洁了灶台。

这次认识了一同去结亲的英宝处长家的亲戚，他们家里有一个4岁的女孩子，叫阿依古丽，每天晚上都会跳舞给我们看。白天家里没有其他人，我躺在地毯上休息，她就安静地坐在旁边画画。我要出门，问她愿不愿意跟我出去，她扑闪着眼睛直点头，然后自己穿戴整齐，拉着我的手便出门了。我去超市给她买了孩子们喜欢吃的零食，她特别开心地分给广场上的小伙伴们一起吃。懂得分享的孩子一定有福气。

又一个五天“结亲周”结束了，我们去了4个亲戚家，又去了英吉沙县城看望了有缘的维吾尔族朋友，还和可爱的孩子们一起玩耍了。再见，下一次来应该是春暖花开的季节了。

壹

“结亲周”是新疆干部很重要的一项工作，也是我们援疆的一项重要任务。一般的亲戚，是不会这么勤、这么深入地走动的，我曾经算过，我一年见父母和哥哥的次数，以及在父母家住宿的天数最多是一次“结亲周”的天数。我们结的还不是普通的亲戚，他们可都是维吾尔族亲戚，孩子们的普通话说得很好，可是很多大人压根儿不会说普通话，交流都靠表情和猜。

除了跳蚤之外，还有其他困难，卫生条件、起居习惯、饮食禁忌、交流障碍。女主人不在家的时候，卫生间、厨房基本上无法使用，用手指在桌子上一划，不是浮尘，而是黑色的油灰。

我很想帮这些亲戚打扫一下，改善亲戚的也是我们的居住环境，可是我简直无从下手。

巴吉姑嫂子在家时会做手工面条，嫂子不在家时，玉苏甫哥哥要么去他母亲家蹭饭，要么就着开水吃馕。

2019年3月，我们又来到玉苏甫哥哥家。这一次哥哥家有了不少变化：月日姑侄女的房间架起了床；巴吉姑嫂子在客厅的墙上贴了秋色图；客厅里还放了个画架，月日姑开始学习素描了；厨房窗台上的玻璃瓶里放了水养的植物；卫生间放了卷纸；电热水器打开了。

我们搭乘连队职工的车去英吉沙县城买食材，然后再次去看望了约麦尔江。晚上，陈主任做了孩子们喜欢的麻辣鱼、西红柿炒鸡蛋、炒蔬菜等，让孩子们大饱口福。

这一次“结亲周”，田楠已经结束援疆，没有再来东风农场。陈主任亲戚家的女孩麦尔丹问我们：“田楠叔叔怎么没来？”英宝处长亲戚家的男孩子艾孜热提也走到我身边问我：“麦尔丹家那个亲戚叔叔还不来吗？”这是一种想念和记挂吧！

傍晚，我和英宝处长带着阿依古丽去玉苏甫哥哥家，恰遇哥哥一家人在吃拉面，可爱的艾山江已经可以下地走路了。

夜幕下，一个老者远远地向我们走过来，走到跟前后，他拉着英宝处长的手不放，并直接将他拉回了家里。英宝处长曾经是东风农场“访惠聚”工作队队员，和这些职工都很熟悉。这是一位1978年入党的老党员，家里有10亩西梅地，年收入17万元。女主人沏了茶水，切了西瓜，执意留我们多坐一会儿。

3月南疆的早晨特别冷，这个时节，玉苏甫哥哥要把羊群赶到离老连队不远处的地里放养，地里开满了向日葵。玉苏甫哥哥家的老宅子门口除了桑树，还有一棵枣树，枣子个头不大，却很甜，我们摘下来，用手擦擦就直接吃了。

邻居的地里有恰玛古，这是适宜南疆干寒地区栽种的一种蔬菜，上面有绿缨子，果实埋在土里，看起来像白色的圆萝卜，味道却和萝卜完全不一样，绵绵的，据说很有营养，巴吉姑嫂子曾经用它做过饺子汤。南瓜还挂在木架子上，核桃树使劲一摇，便有核桃落下。

这一次去结亲，我是带病去的，左腿不适，按照医嘱在吃中药，出发前将余下的中药熬好，装在大矿泉水瓶子里带到了东风农场。因为没有微波炉，每次便用锅加热了喝，有一次在炉子上热着药，却忘记了，把砂锅都烧黑了。相比走路带风的日子，这段时间算是休养生息吧！

其实，要感谢所有的时光，即使消沉颓丧。当一个人安静下来的时候，更能看清和感知内心。

贰

2019年5月，出发的前一晚，我还在机关加班，开了一天会，赶了一个材料，终于在午夜时分回到宿舍。看了看手机里一早在院子里拍的花朵，我对着镜子笑了笑：生活总要以看得见的美好进行，就像院子里的花，就像绽放的微笑。

又到喀什，这里看起来还是那么荒凉，绿色稀有，空气干燥，风沙刚过。但是，朋友们，你可曾在晚上9点看过昆仑山脉在夕阳里的模样？可曾看过边疆大河之上落日的余晖？可曾体验过与相亲相爱的同事们一起走亲戚的感觉？远处的昆仑山脉，在夕阳的照耀下变成了金山；落日掉进了大河，碎成了粼粼波光；不来边疆，又怎么会有这么多萍水相逢的亲人。身处艰苦之地，却依然绽放笑容，是一种锤炼，也是一种幸福。

这次一踏进玉苏甫哥哥的家，我们简直不敢相信自己的眼睛。距离上次来不过两个月，玉苏甫哥哥家竟然铺了地砖，买了沙发和

床，还有茶几。一打听，才知道团场多方筹措资金，第一批补贴了100户职工家购买家具。

以前哥哥很少清洗地毯，干完农活回到家基本上也不换衣服，就直接躺在地毯上睡觉。现在铺了地砖，不仅容易清扫了，也卫生多了。

只要我们有目标、有恒心、有办法，一个美丽的农场指日可待。

再次见到艾山江，巴郎子又长大了些。我曾经拍过田楠抱着艾山江的照片，这次又拍了接替田楠援疆的王凯抱着艾山江的照片。

我们去了三运运输有限公司调研。这是一个兵团老企业，通过座谈、参观，我们了解了兵团国企的改革，很有感触，任何改革都会遇到困难，爬上那个坡，过了这个坎，就会海阔天空。向这些兵团企业的老职工致敬，他们不仅是开拓者，也是改革者，不仅创造了兵团企业的辉煌历史，还要为兵团再创辉煌承担改革的阵痛。

我们去了东风农场的“牛鼻子”养殖合作社，那里的牛圈已经颇具规模了。2018年年初，“访惠聚”工作队多方协调联系，利用“访惠聚”惠民项目资金和职工自筹资金，成立了东风农场“牛鼻子”养殖农民专业合作社，引导职工发展养殖业，带动大家一起增收致富。2018年年底，合作社已发展社员32人，养殖有牛、羊、鹅、兔、鸡等，还辐射带动东风农场1 000多名职工群众走上了养殖增收路。“访惠聚”工作队还加大了国家通用语言的培训力度，将其作为提高职工就业技能的基础性工作常抓不懈。

恰逢儿童节，东风农场在广场上举办了庆六一活动，孩子们在舞台上表演了《弟子规》朗诵、京剧联唱、中华武术等节目，边疆的这些巴郎子们载歌载舞，与祖国各地的小朋友们一起在五星红旗下庆祝自己的节日。

一个第八批转第九批的援友曾对我说，自援疆以来，他的很多想法都在慢慢发生变化。他没有想到会在人生的这个阶段，多了一个重新认识世界的平台。我深有同感，不过一年半载，我看到了维吾尔族巴郎子艾山江的成长，亲历了玉苏甫哥哥家的巨大变化，目睹了一个美丽南疆兵团农场的建设进程。

壹

2019年立秋后的乌鲁木齐，就这样下了一场很像南京的雨。若问我最喜欢的天气，那就是雨天，不是暴雨，而是这样雨珠有一点点大，能看见它们一滴滴落在地上，将空气湿润，有一点点凉意，但不是寒冷。

今天是古尔邦节，我一早就发了三个红包，两个发给了在东风农场的侄子，一个发给了女儿。玉苏甫哥哥说西梅熟了，问我在哪儿，要寄西梅给我。想起2018年西梅熟的时候，我们正好在东风农场的地里摘西梅。

抱着兔子的玉苏甫哥哥

今年此时，陈主任参加了巡视工作，田楠结束援疆回了北京，王凯在陪家人，我则待在卡子湾宿舍里，希望颈椎可以快点好起来。

这就是时光，年年光阴相似，故事却不同，明年此时，大家都已在四面八方遥贺了。都说要抓住当下，其实当下也会一不小心从指缝中溜走。祝福大家，古尔邦节吉祥如意！

贰

2019年9月月底，我休假回到南京，又见到了夹竹桃、梧桐树。阳台上的落地生根竟然一枝独立，快及我身高了，那盆鹅掌楸也茂盛得不像真的。2017年9月启程去援疆，万般不舍；离开两年，归期临近，竟然觉得南京这座城市变得陌生了。

遥远的卡子湾有一群人还在坚守岗位，留守的援友们在微信群里相约欢聚国庆。10个月之后，我们这群人就会像满天星似的散落四方，那么，这段岁月、这份情谊会如何沉淀在我们的生命里？

那些日复一日沉淀下来的日月山河，彰显了时间的力量。时间能造就多少传奇？又有多少坚持能不计一切一往无前？

这一轮结亲任务要求在国庆节前完成，陈主任10月4日要赶回兵团参加维稳值班，5日要去南疆慰问兵团国资委的“访惠聚”工作队，王凯和我约好5日提前结束国庆休假，赶回乌鲁木齐，10月6日去喀什与陈主任会合。

就这样，像2017年的国庆节一样，我在5号深夜马不停蹄地从南京回到乌鲁木齐市，6号一早又出发去喀什。三位援友成功会师在喀什机场，抵达东风农场时已经很晚了，好在是到玉苏甫哥哥家住，内心的感觉就像是回到了家，多晚都没关系。能将距离这么遥远的且只认识两年的一家人从内心里当作亲人，人生也就这一回了吧！还有对援友的情意，心里是真的在乎。

我们去了玉苏甫哥哥家的地里，看到还有西梅挂在树上，哥哥说，今年西梅不好卖。8月份时，我曾请哥哥寄了一些西梅去南京，我要给哥哥西梅的钱，而且路途遥远，邮寄费也不便宜。侄子努尔艾力说："自家的东西，怎么能要钱呢！"哥哥也说："要了你的钱，那还是亲妹妹嘛！"

一路上，我们看到了垂满枝杈的红枣，晒在马路上的玉米，还有旷野里的诸多生灵，蝴蝶恋在花瓣上，一只野鸡被我们惊得扑簌簌飞起来……

这个季节，团场的大部分人都去四十五团摘棉花了，巴吉姑嫂子也去了，要1个多月。大一点儿的孩子都在外地上学。

克依木夫妻刚好在家，为我们准备了一桌点心，还煮了玉米，女主人海民姑为我们斟茶的模样特别优雅。

玉苏甫哥哥家又多了一个电视柜，还有一只3个月大的小奶猫。哥哥的腿受伤了，需要慢慢恢复，我离开的时候留了点钱给哥哥，希望他快点好起来。

我们每次去东风农场结亲时，都会去英吉沙县城看看约麦尔江，吃一次鸽子汤。他说前段时间只看到英宝处长去了，没见到我们，还以为我们完成任务回去了。我们带了北京和南京的点心给约麦尔江，礼有限，可情谊却无限，我们说："我们怎么会不辞而别呢！"

石榴正红，烤馕很香，清晨的云彩依旧。生活就是如此，家长里短，冷暖交替，老去的都在老去，生长的都在长大。相比这一切看似波澜不惊的细水长流，我更喜欢真诚而热情的表达。

壹

2020年5月的南疆，尘土飞扬。馒头柳是那种只要给它一点儿水，就一定会颜色鲜艳的植物。5月30日，我们在疫情之后再次来到东风农场，路上和王凯一起去看了在医院陪老父亲的克依木。玉苏甫哥哥老远地过来迎接我们，巴吉姑嫂子刚刚从广场值班回来，还穿着迷彩服。

桌子上是待客的点心和水果，馓子是嫂子自己做的。玉苏甫哥哥揽着陈主任的肩膀说7月来吃西梅，可一听说我们来不了了，便说那我带着西梅去看你们，表情有些黯然。

玉苏甫哥哥老宅子养的两头牛

跟着哥哥去了老宅子，发现老宅子又有了很多变化，之前养羊的房子现在养牛，原来空着的房子改成了羊圈。哥哥家现在有5头牛，12只羊，10只兔子，无数只鸽子和鸡。哥哥还租了一个大棚，种植葡萄和蔬菜。

2020年，农场投入112万元建成中型养禽舍和牛羊圈舍各1座，抓庭院经济和全民创业就业。图木舒克市的川茶府集餐饮、住宿和零售于一体，实业入驻东风农场，农场的城镇功能进一步优化，农场实现了畜牧区和生活区完全分离。置换了盐碱土4 540立方米，栽植白蜡1 578株、国槐80株，农场行政区划和建镇工作也在积极推进。

东风农场正以日新月异的进度发生着变化，下一次再来东风农场，一定是一个崭新的、美丽的东风镇了。

东风农场的胡场长从我们第一次去时他就在农场了，一个湖南汉子，在这儿扎了根，他的夫人也在东风农场学校工作。李政委是从第三师农业农村局调到东风农场任职的。正是他们这样的兵团干部奋发作为，带领团场的职工群众走上了致富路，才让东风大地欢声涌动，笑颜绽放！

第二天，我们去英吉沙县城买了食材，巴吉姑嫂子做了牛肉手抓饭，陈主任做了鸡、鱼、蛋，我们请几家亲戚一起来玉苏甫哥

暂别酒

哥家吃饭，克依木夫妻不在家，他的儿子和女儿来了，陈主任的亲戚库尔班兄弟也来了，喝的酒是我从乌鲁木齐带去的汤沟窖藏。

虽是一顿告别酒，但是当时并不觉得真要说再见了，总相信很快会再见的。

贰

2017年第一次来英吉沙县时，就听说过著名的英吉沙小刀了，但是每次开车经过时，看到小刀村还有路边的店铺都是关闭的。这次经过时，竟然看到焕然一新的店面和来来往往的人群，于是我们决定停车进去看一看。

英吉沙小刀是纯手工制作，是维吾尔族手艺人精心打制的，做工精美。我看到师傅们娴熟地在白银手柄上刻花，花纹显然已经刻在他们的脑子里了。其中一位40多岁的师傅从8岁起就开始跟着父亲学习制作小刀的手艺了，他说以前制作小刀简单，现在工艺要求越来越高了。他告诉我们，现在又可以制作小刀后，每年可以增加至少5万元的收入。

手艺人制作的英吉沙小刀

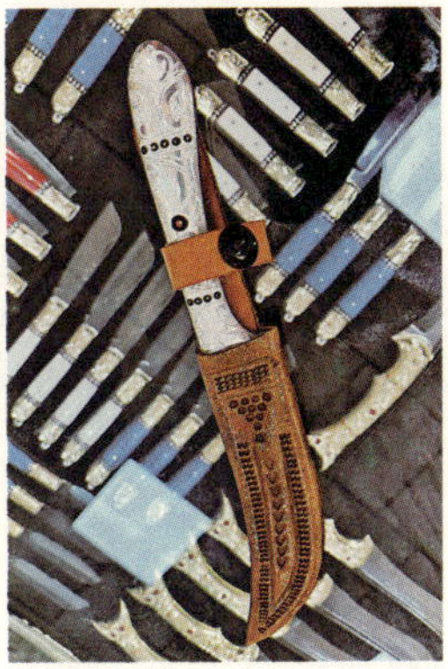

我买了4把手工英吉沙小刀，然后直接快递寄回了南京，一是为了纪念，二是想为这些民族手艺人点赞。

叁

这次我们订的是傍晚从喀什起飞的航班，于是便利用中午的时间去了喀什古城。三年来无数次来喀什，到喀什古城却只是第二次。

这一次重游古城，发现和2018年3月24日见到的古城已经是天壤之别。上一次，街上游客稀少，美景和美食都很稀罕；这次则不同，蓝天白云，游人如织。

喀什艾提尕尔大清真寺就坐落在艾提尕尔广场西侧，它不仅是新疆规模最大的清真寺，也是中国最大的清真寺。寺前的广场上，白鸽或低飞，或闲庭信步。

百年老茶馆旁的餐馆里都坐满了客人，爱乐热木肉馕烤包子店的烤包子，艾尼·佳帕的缸子肉、羊肉串、过油肉，千年古街抓饭的手抓饭，美味诱人。我们坐在艾尼·佳帕这个店里，点了缸子肉、羊肉串，又从对面的店里分别买来了烤包子和手抓饭。

走在古城的街上，我喜欢看那些纵横交错的巷子，还有那些各种各样、极具民族特色的门；我喜欢拍摄那些走在街上的维吾尔族老人和妇女，还有骑着单车从小巷深处冲下来的帅气小伙。

在古城的边上，有很多年轻人开的店铺，有酒吧，还有工艺品店。在一家小店，我买了一张明信片，准备寄给远方的女儿，并写上了这句话：“此时，我在一座再次复苏的历史名城。”

去过萨罕乡具有乡土气息的巴扎，再到喀什古城，就能体会到什么叫“不到喀什，不算到新疆”了。这是一座再次复苏的历史名城，喀什噶尔古城。

喀什古城的百年老茶馆

让心里的旗帜再次飘扬

四十五十而无闻

壹

2017年12月结束“结亲周”和培训之后，整个1月份都在忙碌，似乎每天都在开会，每天都在接受新指令、新任务。兵团从机关到师市，相比自治区有一个显著特点就是人少，用一位曾经在师市工作过的领导的话说，就是“十几个人、七八条枪”。

加班晚回的夜晚，为自己而亮的那扇窗尚未点亮，一树枯枝绽放雪花，路灯就这样不惧寒冷地点亮前程，雪地纯洁干净得没有一丝痕迹，真不忍心踏雪而过。这是2018年第一个寒冷的冬季时光，也进入了忙碌的工作状态。

新一轮“访惠聚”工作开始了，蒲处长轮换回来，据说要交换去自治区地方任职，这是兵地交流的举措之一。李主任结束“访惠聚”工作后，要去中央党校学习半年。

单位这次有三人去东风农场“访惠聚”工作队，经济协作处的郭处长担任队长，他曾经是一名空军；队员一个是援疆工作处的小陈，另一个是位年轻的母亲，孩子还不到3岁，这次选派的要求是三年时间。

2月1日是他们抵达东风农场的第一天，郭处长给我发了一条短信：“既来之，则安之。”这是我刚到新疆时常常说的一句话。我问郭处长：“感觉如何？”他答曰：“和你一样。”我能懂他的感受。

东风农场和我所在的乌鲁木齐又不一样，那里连一个像样的超市都没有，更谈不上还有其他娱乐方式。工作队的工作环境艰苦，压力巨大，还要应对各种检查督导，平时都要工作到晚上，没有双休，3个月才可以休假一次，每逢节假日，他们反而要坚守岗位，就连春节他们都无法回家与家人团圆，而此时他们距离第一次休假还有3个月。

把我的援疆选择放在一个大背景下，和很多人的付出相比，显得那么微不足道。我就像一粒尘埃，只有在阳光下，才能看见我飘浮在这个世界上。不是我们选择了时代，而是时代选择了我们。已经踏上征程，就没有退路，只有前行，不问归途。

贰

没有什么事情能一直轰轰烈烈，再热闹的场景都要归于平静。援疆生活从开始到现在，已经过去了5个月，该经历的都经历了，后来经历的也都不再是新鲜事。于枯燥处保持活力，在平凡中生出感动，是我要做的功课。

直到现在，依然有人问我为何援疆，有时候会说几句自己的追求，被问得多了，后来就简单回答，不求被理解：“孩子大了不在家，反正也没负担，就来了。”怎么会没有负担呢？父母和婆婆日见衰老，先生不擅家务、无人照顾。

最开始只是想离开一个地方，选择另一种生活，恰好有这么一个选择，就义无反顾地来了。不管有多少不适应，至少到现在，对这个决定我没有后悔。

很多年前，我从未想过一个人可以与自己待了近20年的地方在一段时间里剥离，现在我发现是可以做到的，这一点让我惊奇。一个人对环境、对人、对事的依赖性远没有我们想象得那么强。只要你愿意，每一次转身都可以很彻底、很华丽。只要你不对自己的人生设限，就可以永远成为自己的骄傲。

多年以前，好友曾经对我说："你是一个可以改变环境的人。"可是，我现在要做的其实是融入一个环境。我在这儿停留的时间虽有限，但依然要慢慢地融入进去，可无论环境如何，我都不会改变自己的品格。

叁

听上一批援友说，春节假期加上探亲假可以休1个多月，可我们第九批却最多不超过15天。终于安排好了休假时间，预订了机票，除了回家见父母，和家人一起团聚之外，若还有人想见，也不过一两个好友、三四个姐妹。

是距离产生了隔阂吗？人生到了此时，似乎一直在做减法，想赴的约越来越少，想见的人越来越少，想谈的话越来越寡，孤独感越来越强。

援疆选择，一下子扩大了社交的半径，多了很多认识新朋友的机会。只是天下没有不散的筵席，几年之后各奔东西，我们会像大学毕业时那般潇洒吗？以为路途再远，时光再久，我们都会再相逢？

傍晚时分，班车沿着每天都经过的河滩路行驶，我有些疲倦，望向窗外，有那么一刻，想起了2017年9月拍过的满天晚霞，想起了初来时的感受，惶恐、忐忑，还有对即将开始的新生活的期待。而现在，心静得像一潭波澜不惊的湖水。

在这座寒冷的边疆之城里，感受这天寒地冻、滴水成冰，我知道几年之后，所有温暖的记忆都会随着再次启程被收拾打包，塞进一个角落。

每一次经历都有可以回忆的故事，这些故事让自己对生命有了更多的感悟，让自己的内心更强大，让自己的心灵更丰盈，让自己不虚此行。

兵团机关大院东北角小树林的秋景

壹

凡经历的，都是一种历练。掐指一算，到2018年的4月4日，我就进疆整整7个月了，其中去年10月因公回宁一周，春节回家17天。该停下来，将心儿摘下，将脑子打开，理一理，看看经历了什么，成长了多少，初心还在吗？

我喜欢在夜里敲击键盘，记录思绪，因为喜欢夜晚的安静，喜欢黑暗中有光的自己，喜欢新的一天即将到来的激动。相比夜晚，清晨显得苍白，它趋向的是按部就班的一整个白天，忙碌而躁动。直到黑夜降临，所有的感觉慢慢归拢，然后等待崭新的一天。

进疆7个月，哭过无数回。从2017年9月8日傍晚的号啕大哭，到昨天傍晚的泪流满面，已经记不得有多少回了。春节后，我以为自己已经适应了，没想到春节休假结束，返疆后第一个周末的清晨，依然泪流满面。

上个周末，醒来后有那么一瞬间，内心恐慌，不知自己身在何处，狠狠地将自己揪起来，严厉地对自己说："别！别！别！"逼着自己拉开窗帘，让阳光进来。

昨天下午，同事们有的出差，有的办事，有的回家，偌大个办公室就剩我一个人，很安静。忙碌中的我，有那么一阵感觉很害怕，再想到晚上还要一个人独自值班，先是眼睛潮湿，然后是眼睛噙满泪水，最后是泪流满面。

发了两个信息出去，一个是长我2岁、待我如家人的南京同事，一个是北京的大学同学。一条信息是："我为什么又哭了？我很害怕这种感觉。"另一条信息是："我觉得我快坚持不下去了。那一刻，特别害怕那种感觉会吞噬我，但又说不清楚那感觉是什么。"

贰

以前，我特别享受一个人的时光。现在，我一个人坐在书桌前看书写字，一个人走路，一个人看电影，一个人去花市，却发现不再感到愉悦了。

兵团机关大院东北角小树林的夏景

那些犹疑和恐慌，映射出的是内心的不笃定；那些情绪的变化，反映的是情感的波动。多年来，在同一个环境里形成的平衡被一个全新的环境所打破，曾经拥有的关系因为时空距离而渐行渐远，新的关系也尚未建立。对老朋友的怀念，对新朋友的忐忑，让生命多了灰色，但是，这种感受并不是有挚友可以倾诉、可以陪伴就能解决的。

同学说得有道理："孤独是属于自己内心的，就算有朋友，也不能代替自己的内心来面对自己。"我的≠我。我不害怕泪水，只是害怕内心的恐慌。那种感觉长驱直入，每一次都试图吞噬我。我需要找到心灵的安顿之处，我需要找到自身所具有的光芒，让它来引导我找到出口。我需要学习和训练，与自己相处，这是我援疆生活要克服的第一关。

让心里的旗帜再次飘扬

壹

蒙田曾在《做生命的旁观者》中这样写道："我们的生活就像世界的和声，是由相互对立的东西架构而成的，它具有不同的声调，温柔的、粗犷的、高而尖的、平而缓的、无力的、庄重的。音乐家如果只喜欢其中的一部分声音，那么他想告诉大家什么呢？所以他就必须善于普遍地利用所有的声音并且将它们混合起来使用。我们也是一样的。"

生活没有旁观，只有经历。日历翻到2018年7月4日，我进疆10个月的日子。

春节之后一直都在路上，除了5月的休假之外，一直都很忙碌。但即使在休假期间，也未曾放下这个地方，有时甚至想念这里，一帮住在卡子湾的援友，在一栋楼居住，在一栋楼工作，坐同一辆班车，或者一路静默，或者一路谈笑风生。无论在卡子湾的院子里，还是在机关院子里，你总能在锻炼时遇到同一群人，或者与一群人约走红光山。

我想要拍下机关院子东北角树林的四季，于是常常独自赴约，或者清晨，或者正午。我常常想：第一轮四季之后，我还会与它相约几个轮回？

我的窗台上摆满了植物，一周我会给它们浇水一次，浇水时我还会自言自语，幻想它们同样回我以植物的语言。三角梅则要一周浇水两次，每每忙得忘了，忙不迭地补浇，瞬间，耷拉下的枝叶便饱满了，它是懂得我的心意的。我用矿泉水瓶子水培绿萝，放在洗脸池上，放在窗台上，放在书桌上，都长得很茂盛。

与援友们利用假期去了天山大峡谷，走进了天山；出差去哈密的路上，用相机拍下了天山之壮阔、草原之丰美。这些美好的感觉都如此真实，那是我心里能感受到的。

可是，我依然会在某个周末的午后黯然流泪；走进阳光里，我依然会幻想阳光将我揽进怀里，好温暖。

越来越多个加班的晚上，在黑夜乘坐晚班车回无人等待的宿舍，我开始怀念从前。我常常幻想能够接到某个熟悉的电话："我在乌鲁木齐。"我不再享受孤独，我开始眷恋时光造就的情谊。

贰

工作进入了瓶颈期，开始质疑自己的价值，干一些以前从未干过的工作，知识经验的基础为零，忙碌得没有发挥自己学习能力的时间，时间和节奏都不是自己的，以前多条轨道运行时，扳开铁轨道岔的主动权在自己手里，现在完全被动，或疾驰，或颠簸，或急刹车。

这几日，学生、同事自远方来，我笑曰："这一生没做过的事情，没吃过的苦，没受过的累，在这里都体验了。"比如国庆节停止休假立即返回，比如“结亲周”和亲戚同吃、同住、同劳动、同学习，比如每次都被跳蚤或者毒虫叮咬……还有那些未知的风险，比如24小时值班考验我的小胆量，比如周末开会6小时，比如从晚上加班至凌晨……

我翻阅了自2017年9月进疆以来的微信朋友圈和日志，试图循着来路找到初心。那些文字和图片记录下的乐观和勇气打动了自己，那些细微的感受散发着光芒，就像散落在路上的珍珠。

日志是记录经历和心理路程的，它的首要特质就是真实。文字是一种工具，在记录的过程中，烦乱的思绪就像弄乱的毛线球，被慢慢解开。

再翻看9月月初培训时的记录本，那些当时不曾深刻理解的内容，现在都变得立体和鲜活起来。以现在的自己，看走来的一路，我意识到不是目标偏差了，而是自己的认识产生了偏差。这里就是一个战场，我们每一个人都必须是战士。

一滴水在大海里显得微不足道，可如果没有这一滴滴水，大海将不复存在。我的价值或许就是这一滴水，成就着大海的浩渺。

昨晚值班至凌晨4点才睡，白天高强度开会，中午半小时的休息时间，我又去了兵团机关大院东北角的小树林。走过广场的旗杆时，仰望蓝天白云里的五星红旗，风起时，红旗迎风飘扬。

就像2017年的9月，就像2017年的10月，就像2017年的12月，让心里的旗帜再次飘扬起来。

壹

人生若是一场旅行，我想我会选择独自旅行，或者只带一个人，那就是我的女儿。她会在其中一站与我分手，去她向往的地方，也会在某一站再次与我会合，共同前行一段，然后再次道别。

这样的道别，会伤感，却不会悲伤。我很早就知道，这是一场必然会发生的离别——重聚——离别——再重聚——再离别，因为我也是别人的女儿。18岁时，我在重庆站告别了父母，再和父母有同行的感受竟是很多年后我做手术，父母来宁照顾我，那一次，我觉得我又一次和父母一起旅行了。然后，我再次告别父母，回到了自己的轨道。

一个人的旅行，妙处在于自己的旅行自己做主，没有悲欢，没有离合。但是，这一路我们会遇见很多有趣的人，会发生许多美妙的故事。只是，真的不是所有人都会去往同一个方向、同一个地点。能够快乐地同行一段，已是前生修来的缘，如果真有前生的话。

走过的路，看过的风景，遇见的人，发生的故事，品尝过的美食，很多都像冰化在了时光里，滋润了我们的生命。有些时候，只是不自觉而已。

眼泪不是每个人宣泄表达的方式，只是，能够热泪盈眶、泪流满面，除了生来感性之外，还能对悲伤敏感，还能对痛苦有体味，内心一定有自己想要珍惜和守卫的东西。

当然，痛苦、悲伤都会被时间所销蚀，时光就像一根魔法棒，具有无比神奇的力量。当我们执着于人生的悲欢离合，体验着痛苦、悲伤时，不如慢下来，将它们交给时间，让时间引领自己前行。

就像大河行舟，或顺水而下，达到浩瀚的海洋；或者逆流而上，领略源头之美。

贰

每一段旅行都是一个选择，或背起背包就走，游走之间，享受清风和星空；或做好攻略，按图索骥，寻找心之向往。是否偏离了方向？是否达到了目的？是否事遂心愿？是否有承受自己选择的后果的信心和决心？

这一路山高水长，有些路程布满荆棘，磨损的不只是我们的鞋履，还有我们的眼睛、身体和心灵，我们逐渐变得麻木，不再敏感，不愿相信奇迹，不敢相信来日方长。

那些如山花般烂漫的笑容，那些明亮清脆的笑声，那些感性灵动的文字，那些真挚淳朴的友爱，依然不能化解内心时常发生的战争。没有硝烟的战场在心里，战事越大，越是沉稳，待到硝烟散尽，胜者主宰世界时，外人看到的不过是一个略显沉静的人再次展颜一笑，灿若春光。

这场旅行终究还是一个人的旅行。一个成熟的旅人，也许会更顺利、更安全地抵达目的地。

人生最好的关系，也许是无论走了多远，每次回头，那目光一直都在。不在乎拥有，因为永远不会失去。你可以随时卸下背包，放松肩颈，说想说的任何话，不需要回应；可以一声不吭，安坐一会儿，心在静默之间已经抵达。

似乎意识到为何在这个冬天如此惧怕离别，一些美好的关系在建立，却没有足够的时光可以成为心灵知己，我知道若离去，一定后会无期，就像这漫天的云彩，再见时早已经不是这片彩云。要多少时光才能成就一生的情谊？这一生又有几人一直注视着你远行或归来？

兵团机关大院东北角小树林的冬景

零度左右的南京显得比零下16度的乌鲁木齐还冷，认真想了想，是因为南京的房间里没有暖气，人没有暖透，所以在房间里就冷，出门自然更冷；在西北，穿一件短袖T恤在房间里就够了，暖透了出门自然不会感到寒冷。

暖和了身心，再踏上旅程。

一年半载记

壹

窗台上的日历已经翻到了2019年的3月，我的援疆生活也过了一年半。

就像爬一座高山，目前距离登顶还有三分之二的山路。前面的一年半就像是山脚下的缓坡加上一段陡峭的山路，不过才攀登了路程的三分之一，后面的一年半才更为艰难。

就像一滴晶莹剔透的水珠，翻滚进了一条大河，随波抵达入海口时，不知道是否还能是最初的那滴水珠。如何使保持昂扬斗志变成一种习惯？朴素的民族感情如何变成内心的印记？如何做到无论处于何种境地，都能仰望天空、俯视内心？这些都是一门门必修课。

一群来自祖国四面八方的人相识在遥远的新疆大地，互相鼓励，互相支持，互相关心，为了一个共同的目标集聚在一起。铿锵有力的朗诵表达了这份珍贵的缘分：“我们，有一个共同的名字，叫援疆；我们的名字，叫援疆。”

一年半是一个特殊的符号，它意味着一些援友完成了援疆任务，回到了派出单位，又意味着将迎来一群新的援友。电梯里、食堂里，多了许多新的面孔，就像2017年9月大家见到我时的模样。

贰

因为机构改革，兵团援疆办（经协办）撤销了，同事们即将奔赴新的岗位。单位借调的几个小伙子春节后就没机会再见面了，漂亮的小胡姑娘来办事时进来坐了坐。越发觉得能坐在一个办公室办公，能在一个单位共事，是比婚姻还难修的缘。

“援友三人行”中的田楠回到了派出单位，听说他还是经常加班晚归；陈主任去了更能发挥他专长的兵团国资委，再见时，他眉飞色舞地蹦出了好些专业名词，俨然我谈到法律名词和研究生管理时的模样。有光的人在哪里都能散发光芒。

2017年年底、2018年年初流过的那些泪水，在这段时光再现。为援友的离别，为工作的调整，为后方一些人的不理解……内心不知是太脆弱还是太坚强，越是难受时，越是想一个人承担。

妇女节的早晨，我发了一条微信：“好想家。”顿时，温暖的问候纷至沓来，每一条信息都刺激着我脆弱的泪腺。

教师留下了一方讲台，留下了专业知识，留下了带过的学生；医生留下了一个诊疗台，留下了治愈的病人，留下了指导过的实习医生；更多的人，留下了制度，优化了管理，在上级部门和挂职单位之间穿针引线……

我这一年半做了什么？我会留下什么？很多计划都没有实施，很多书籍都没有阅读，很多地方还没机会去，很多愿望还没有达成，时光已经从指缝间流失。

这一年半，有收获，有感动，有忧伤，有徘徊，好在我一直在成长。

壹

“爱，是一件非专业的事情，不是本事，不是能力，不是技术，不是商品，不是演出，是花木那样的生长，有一份对光阴和季节的钟情和执着。”一直都很喜欢汪曾祺先生的文章，文字干净，透着童真，字里行间都散发着美好。

记得多年以前，一个好友对我说：“你每天拍那么多图片，记录那么多感受，好倒是好，但如果你能写出一篇‘巨著’来，那就更好了，比如艾青的诗。”

我很惭愧，因为我不是作家，也不以写作为业，我只是喜欢留意遇见的花花草草，只是喜欢记录生活，记录感动。我偶尔伤感，那是因为我的确感到心疼，我从不觉得自己无病呻吟，有病了反而像刺猬般将自己裹紧。

同事曾问我：“为什么你养的植物都那么茂盛？”我说：“我浇水的时候会和它们交流，还会碰碰叶子，摸摸花瓣，我会将气息里的喜欢传递给植物。”就像我出差一周回到宿舍，蓦然发现那株三角梅正在盛开，我分明感受到胸腔被打开，那一刻，就是“乐开了花”的感觉。

人生路途遥远，有时是从山脚出发，登临山巅；有时是从近处出发，终点是远方。爬至半山，偶尔被另一座山峰所吸引；行至中途，也常常好奇平行或相交的另一条路不知通向何方。很多时候，忘了初心，改了方向。

我没有写出“巨著”，但是我坚持写随笔至今，并因此感到快乐。我依然不会专心走路，还是喜欢左看看、右看看，或者仰头与天空平行，只为了捕捉一个构图，让光阴和季节进入我的相框。我拍过南京大学校园四季的花，我拍过机关大院东北角小树林的四季，我拍过秋日乌鲁木齐的天空，我拍下了我所遇见的所有美好。

宿舍的窗台上照例是花花草草，长得茂盛。因为喜欢而要来的酒瓶里插着我从天山大峡谷捡来的“木翅膀”，还有从沙漠公路带回来的胡杨枝，最近新插了两株从南疆采来的棉花。

贰

内心的梦想虽渐行渐远，可我依然试着用劲跳起，希望还能在余下的生命里实现梦想。愿有梦想的人们，都有力量，都自带光芒。透过坚持，方能看见成长。

援疆班车上的人逐渐少了，因为有一些机关搬去了另一座大楼。机关食堂里多了很多新面孔，援疆教师群里昨天又加入了几位新老师。有些人已经结束了援疆，有些人则是初来乍到。

时间进入2019年的11月，倒计时是真的开始了。

国庆节回家，已经不想再与人解释自己为何来援疆，也不想说自己的得与失，不能感同身受，也就无法共鸣。人生的收获绝不只是职务升迁和职称晋升，或者说绝不是。有些收获具有专属性，只属于内心。

三年时光，的确不算短，临近尾声，还是很佩服自己和援友的，很想为自己、为大家点个赞。遗憾于所在的岗位其实做不了太多事，看着着急却又无能为力，偶会羡慕那些有更好平台的人，他们可以发挥更大更好的作用。即使如此，也为自己有时能改变周围的一些事情，或者能帮助到大家而感到开心。

援疆两年余，已经过了问自己“为什么援疆”和“援疆干什么”的阶段了，要问自己“离疆留什么”了。

叁

2019年的国庆节，提前结束休假，返回乌鲁木齐，第二天去了英吉沙县的东风农场，不知从何时起，那里成为一个很亲切的地方。

玉苏甫哥哥的腿受伤之后一直没有痊愈，巴吉姑嫂子去摘棉花了，大侄子送妹妹月日姑去喀什上中学了，小侄子也去达坂城上大学了。我们去的那几天，只有哥哥一人在家，于是便给了我一套钥匙，进出家门如同自家，钥匙后来还被我带回了乌鲁木齐市。

去图木舒克市调研时，遇到了以前第三师援疆办的人，打招呼的感觉就像是老友重逢：“石老师，你还没回去啊？”他以为我一年半就结束援疆了，没想到我还在，满脸的惊讶，又问我其他援友是否回去了。

若干年后，我们还会在新疆、在图木舒克、在东风农场再见吧！再见时，一切如同今日，这是我的愿望。“援友三人行”在2018年10月许下愿望：“结束援疆之后，三人相约一年一期，相聚在东风农场，一起看望亲戚。”这个心愿会实现吗？我知道许下心愿的那一刻是满心的真诚。

国庆节休假前，兵团日报社的记者联系我，要做一个援疆干部的系列访谈节目，我是被访谈人之一。我征求女儿意见：“接受采访吗？”她说：“为什么不呢？”我征求援友意见，他们说：“你的每一次欢笑和哭泣，我们都是见证者。”

相比很多援友，我做的事情都太平常、太普通，仅仅是和我身边援友的付出相比，我都自愧弗如。比方说后方的牵挂，很多援友的孩子都还很小，有的援友的孩子还在申请大学，有的援友家人身体不好，他们都无法照顾。就在这个国庆节，还有很多援友坚守岗位，不能回家和家人团聚。

我们不需要理解，我相信历史会有我们的记录。在我自己生命的画卷上，这三年也是浓墨重彩的一笔。

任何经历的最大收获都是成长。无论我们有过什么样的经历，只要从中获得了成长，就算有了收获。

翻开工作笔记本，看到2017年11月16日第九批援疆干部自管会成立大会的记录，“抓紧、瞄准、深入、战斗、周到、总结”，很是感慨。如果说还有些遗憾，好在我离援疆结束还有一段时间。站在半山腰，行至路中途，停一下，回个头，看看爬过的山坡、走过的路。

坚持源于对生活的热爱。汪先生说得多好，爱不需要专业训练，它就像花木那样自然生长，怀着一份对光阴和季节的钟情和执着。透过坚持，看见成长。

我一直没有像好友希望的那样写出像艾青那样的诗，只是我们都没想到几年后我也像艾青一样来到了新疆这片土地。我有幸走过了兵团很多个师市，也去过石河子这座美丽的兵团城市，我爱我足迹的所至之处，我为我的每一次欢笑和哭泣而感动。

年轻的城

艾　青

……

它像一个拓荒者，全身都浴着阳光
面对着千里戈壁，两眼闪耀着希望
更像一个战士，革命的热情汹涌
只要一声号令，就向前猛打猛冲
到处都是建设工地，劳动的声音在沸腾
我的心随着手推车，在碎石公路上飞滚
艳阳天，风雪天，在黎明，在黄昏
……
一年三百六十天，看它三万六千遍
因为它永远在前进，时时刻刻改变模样
因为我透过这个城市，看见了新中国的成长

一棵树摇动另一棵树，一朵云推动另一朵云，一个灵魂唤醒另一个灵魂。

周国平曾说：“人应该具备两个觉悟，一是勇于从零开始，二是坦然于未完成。”

2020年1月2日，这是援疆岁月里的第三个也是最后一个元旦了，内心五味杂陈。因为工作的关系，认识了很多来自各省市的援友，过了元旦，他们将背起行囊，奔向四面八方。各省市的新一批援疆骨干已经于12月月底进疆，和这一批援友们交接接力棒。“三年援疆路，一生新疆情”，此时此刻，才深刻感知它的意义。“不辱使命。”也只有在这时，方敢言之凿凿。不舍的战友情，都印刻在挥手道别时说一声“珍重”的泪目中。

我知道，我和他们中的绝大部分人离去之后很少再会有交集，他们会是我微信通讯录里的一个名字，会是我朋友圈偶尔点赞的一个头像。但是我知道在不远的或者遥远的某一天，他们去南京，发一个信息，说一声“援友好”，我一定会热情相迎。

再过几个月，卡子湾的援友们也会打包行李，奔向四面八方。人生很多事，需要回头看，才会看得更清楚，认识得更深刻。很多年以前读过一句话：“没有长夜痛哭过的人，不足以谈人生。”在遥远的边疆待过以后，却觉得经历过长夜痛哭的人也不足以谈人生。

人生行至中途，需要一次挑战。援疆便是一种挑战，它让我经历了很多的想不到：想不到的孤独寂寞，想不到的艰苦条件，想不到的压力风险，想不到的心灵拷问……当然，最重要的是想不到的收获。有时候在自我挣扎的过程中，分明听到了自己被撑开的声音，我觉得那便是成长的声音。或许当我意识到成长不只是获得了更高的学位，不只是得到了提职，不只是终于经历过长夜痛哭时，我终于有资格谈谈人生了。

决定援疆时，我的老父亲似乎比我更明白它的使命，他在电话里对我说："好，支援西部建设。"援疆一年半载时，苦恼于没有完成使命，质疑自己会留下什么。援疆临近尾声时，感谢领导和援友的信任，让我终于有机会发挥专业之长，可以多做一些事情，留下一些自己带不走的东西。

遇到阻碍时，也会消沉，也会犹疑，也会退缩。新年的第一天，我看到了贝聿铭的故事。当有人问贝聿铭如何看待外界对他的挑剔时，他这么回答："我从没有考虑过这些问题，因为我一直沉浸在如何解决自己的问题中。"这源于内心的自信，源于方向的正确。

我需要这种心无旁骛的执着。"一棵树摇动另一棵树，一朵云推动另一朵云，一个灵魂唤醒另一个灵魂。"

在边疆和援友度过了自己的50岁生日。大学时，以为40岁是一个极限，是一个不能跨的坎，更何况是50岁。那个仰头惊呼"天好高、云好白、斜风细雨俱美"的小女孩没有想过的是，伴随容颜老去的，还有生命的丰盈。容颜取决于青春，取决于年龄，而后者则取决于经历，取决于我们拥有的时光。时光会镌刻在每一个人的心上，会展现在每一个人的脸上。

年过半百时，我没有时间沉溺于琐碎，没有时间将情绪恣意挥洒，没有时间八卦家长里短，因为我还在路上，我还在远方。边疆的路程遥远，景色波澜壮阔。此时与这样的旅途相遇，只有一个选择，那就是经历它、热爱它、享受它！

梁实秋曾在《中年》中这样写道：“中年的妙趣，在于相当的认识人生，认识自己，从而做自己所能做的事，享受自己所能享受的生活。科班的童伶宜于唱全本的大武戏，中年的演员才能担得起大出的轴子戏，只因他到中年才能真懂得戏的内容。”

我觉得能否担得起大出的轴子戏并不算最重要的，我认为人到中年，更要紧的是对自我生命的认可，以及对自身价值的实现。

时值中年，依然觉得还有很多事情值得去做，还能去做很多事情，这才是有意义的。价值能否更好地实现，取决于我们有多大的自我改造和改造世界的决心。

女儿说：“你比他们有理想。”她又说：“不试一试，你怎么知道行不行呢？”我说：“你送我一个远方，我许你一生辽阔。”

我不知道历史到底是不是任人打扮的小姑娘，但我知道的是，很多故事存在于人们的记忆中，且人们总是清楚地记得那些峥嵘的岁月。

就像我们总是对四年的大学时光记忆犹新，因为那是我们年轻生命的一次转折，在那里，我们经历了很多生命中的第一次，我们的人生观从那个时候慢慢成形，很多重要的关系也建立在那段时光并伴随我们一生。

援疆岁月，也必将留在我的记忆中，因为它正如我的大学时光。在这里，我们同样经历了很多的第一次，我们还赶上了很多的第一次。许多重要的时刻，我们都在边疆度过，十九大、改革开放四十周年、中华人民共和国成立七十周年。我们投身于一个组织的重塑，亲身经历了一场深刻的变革。在这里，我还收获了珍贵的友谊，自从离开校园，这样的情谊已经久违了，它散发着歌乐山下那座校园的青草气息，又多了一点点桂花的浓郁。若我有负时光，可岁月却从未负我，并馈赠给我美好的人生礼物，让我收获成长。

又至年关，送别2019年，迎接2020年。这篇日志从2019年的最后一天动笔，止笔于2020年元旦之后的这个凌晨，真是忙得没有时间写，白天忙于参加"'援'践初心 '疆'爱永恒"演出的节目排练，晚上的时间又是如此短暂。

31日晚上动笔时，写下的日志题目是《今夜，有微微的痛流过，弥漫开来》。那一刻，静坐在边疆的宿舍，回忆起刚刚朗诵过的诗歌："三年前，当我们背起行囊，接过援疆接力棒，跨进祖国的西部边疆……从这里出发，我们将会奔赴四面八方。"和我一起朗诵的，正是即将奔赴四面八方的援友们。

今夜止笔时，我将题目改成《相信时间，未来自来》。新年已至，我让自己相信时间，不计较当下得失，不自封于当下。放眼于长远的收获，在今天播种。

像一场大雪之后艳阳天的边疆之晨，寒冽让人坚强，阳光使人温暖，让自己从容，行走于时间之中，那个更好的世界会在未来等我，还有那个更好的自己。一切最终使人老去，这是时间的威力；一切最终让人成长，这是自己的力量。相信时间，未来自来，勇于从零开始，坦然于未完成。

这篇日志送给完成使命、即将荣归的援友们，祝福大家前程似锦；也送给依然坚持岗位的援友们和自己，愿我们快乐，愿我们从容，愿我们明天会更好。

脚上泥土的重量

壹

巴合齐乡二村村委会的院子墙上有一句宣传语："用坚定的担当来诠释共产党人的责任，用自己走路的长度缩短与群众的距离，用脚上泥土的重量衡量群众在心中的分量。"看起来很平常的一段话，后来才知字字有温度，句句有深意。

李主任是我遇到的第一位驻村干部，个性鲜明，极具个人魅力，对我影响很大。

李主任是兵团援疆办（经协办）的副主任，2017年年初参加了"访惠聚"驻村工作，担任巴合齐乡二村"访惠聚"工作队队长、第一书记，工作时间为一年。一年期间，他只有4次假期。

2017年10月我们去南疆第一次结对认亲之前，决定先去二村拜访一下李主任，也算是代表单位去看望驻村干部。

李主任看到单位来人，而且是援疆干部，感觉分外亲切。他热情地把我们引到既是他的住房又是他的办公室的房间。

李主任长得高大魁梧，皮肤黝黑，身穿一件迷彩T恤，声音洪亮，动作干净利落，特别符合我对驻村干部的印象。

他向我们介绍了"访惠聚"驻村工作的点点滴滴，谈到民族团结、社会稳定时，我都听懵了，因为他像是在对全村村民做演讲，而且抑扬顿挫，出口成章，极具感染力。

巴合齐乡二村是一个超过2 000人的大村，几乎全是少数民族。面对复杂的工作环境，李主任带领9名驻村干部和当地的维吾尔族干部夜以继日地工作，他说驻村干部每天用的打印纸超过1 000张，每天工作到凌晨三四点甚至通宵达旦。

他们一边完成艰巨的维稳任务，一边开展文化教育活动。巴合齐乡二村有夜校，晚上教大家学普通话、唱红歌，以文化人。

我问了一个问题："为什么文化大舞台每天晚上的活动都安排得满满的？"李主任告诉我："村民们晚上没事干，我们就帮助他们安排一些喜闻乐见的文艺活动，以丰富他们的业余生活。"

李主任住的房子很简陋，一间十几平方米的房间，隔出来一个卫生间，家人来看他时，就挤住在这一小间房子里。李主任说，他夫人每来一次都会被跳蚤咬。那时候，我还没有领教过跳蚤的厉害。

贰

看见墙上的宣传语，我有些不解，便请教了李主任，才知道这是他们工作队总结的，每一句话都有所指。

"用坚定的担当来诠释共产党人的责任。"新疆的基层工作怎么做？做不做？必须要有"坚定担当"的精神，才能创造性地开展好工作。

“用自己走路的长度缩短与群众的距离，用脚上泥土的重量衡量群众在心中的分量。”村子很大，村民住宅很分散，户与户之间都离得很远，道路都是泥巴路，偶见用碎石子铺过的已经算好路了，可一旦下了雨雪，便泥泞不堪。驻村干部要与群众同吃、同住、同劳动、同学习，入户走访、联系群众要做到小村每月、中村每两月、大村每季度逐家逐户走访一遍，还要去田里同劳动。村干部们几乎每天都要走很远的路，天不好时他们也拒绝坐车，脚上、腿上不是厚厚的灰土，就是烂泥巴。

在新疆，有这么一支队伍，肩负重托，为维护祖国统一、新疆稳定和长治久安在默默奉献和付出。“理想”“信念”“家国情怀”，这些曾经高大上的词汇，来到新疆之后变得如此真切实在，沉甸甸的一下子有了分量，有了情感和生命！

在这里，我感受到了“哪有什么岁月静好，不过是有人替你负重前行”。

叁

李主任结束“访惠聚”任务后，去中央党校学习了半年，再见他时已经是2018年的7月，回到兵团援疆办（经协办）分管招商引资工作。

李主任曾经在塔城地区工作过，后来到了兵团任职，文字功夫很厉害，他又乐于帮助下属，大家都受益匪浅。

2018年8月，他特别认真地指导我修改进疆满一年的工作总结，后来又指导我撰写兵团领导的讲话稿。在他的领导下，我牵头负责了兵团在北京举办的产业合作推介会暨项目签约仪式，据说是当时兵团规模最大的一次招商活动，参会企业家800多人，共签约项目59个，签约金额1 150亿元。

我对他的印象是有水平、有能力、有办法，还特别关心同事的成长。兵团千难万难也要向南，后来，他调到了兵团党委南疆办，在兵团第三师图木舒克市。我认为有一些人是放在任何岗位上都能胜任的，李主任就是这一类人，我相信他会在新岗位上用坚定的担当来诠释共产党人的责任。

壹

2017年12月8日，我第一次登上了祖国西北边境西北民兵第一夫妻哨——桑德克哨所的瞭望塔，第一次踏在了兵团第十师一八五团白沙湖的冰面上，第一次踏上了西北边境第一连“西北之北”。

第十师一八五团夫妻哨所的瞭望塔

登上瞭望塔，眼前是中国与哈萨克斯坦的界河阿拉克别克河。

一八五团的团场位于阿尔泰山西南边缘的国境线上，额尔齐斯河流入北冰洋出境口处；与哈萨克斯坦接壤。团部所在地克孜勒乌英克镇距离第十师师部北屯市公路里程230千米，距离哈巴河县75千米，被誉为“西北边境第一团”。

我们驱车前往一八五团的路上，粉雪一直在路面上肆虐。路标很奇怪，我问司机这路标是干什么的，司机说雪大时根本看不见路面，只能靠路标来判断哪里是路边。

在我的眼里，西北的雪景太美了，但是这种美对于长期生活在一八五团的干部职工来说，则意味着艰苦。

贰

“沙漠的最边缘，绿洲的最外围，风口的最顶端，边境的最前线”，这是对兵团驻守地的真实写照。一八五团就位于我国第二大沙漠古尔班通古特沙漠的边缘，位于西北漫长的边境线上。

坐车行驶在边境线上，左手的铁丝网外就是界河，我们来到中国版图上雄鸡尾尖上的一片土地，这里就是“西北之北”。

夕阳扫过眼前的沙河、树林、民宅，阳光下的景色是那么的动人。脚下是西北第一连，远处可见哈萨克斯坦的村落。站立在“西北之北”，看不远处界河那边的哈萨克斯坦，树木繁茂，再看脚下的漫漫黄沙，感慨万分。只有双脚踏在边境线上，才能真切地感受到国之界，才能感受到那份沉甸甸的家国情怀。

1962年，这里就是个不毛之地，环境恶劣。春天黄沙漫漫，长达30天—40天；夏天蚊虫肆虐，一种叫“小咬”的蠓虫能叮死牲畜；秋天风霜冰雹，把快收成的庄稼毁得七零八落；冬季则大雪封路，雪深有 80厘米—120厘米，出行极其困难。

在瞭望塔上俯瞰夫妻哨所

第一代兵团人来的时候，这里只有一家哈萨克牧民。当时，军垦人一手拿枪，一手拿镐，开荒种地，农闲时和冬天时就开展训练。种地就是站岗，放牧就是巡逻。

一纸命令，使第一代兵团人来到这里，从此远离家乡，在这里扎了根，成为拓荒者。献了青春献终身，献了终身献子孙，子子孙孙守边疆，一八五团已经有四代人守卫着这片土地。“半碗黄沙半碗风，半个百姓半个兵；多少将士思乡梦，尽在亘古荒原中。”

叁

1988年4月23日，界河阿拉克别克河暴发特大雪融性洪水，中哈界河的我国桑德克龙口被瞬间冲垮，洪水所到之处，农田被淹，桥毁路断，房屋倒塌。根据以界河中心线为界的国际惯例，一旦河水改道，国土将被划入邻国版图。在国土将失、家园不保的危险关头，一八五团的干部职工与各方支援人士一起，奋战16个昼夜，终于在5月8日凌晨堵住决口，让抗洪大坝合龙，洪水重归界河，一八五团守土有功。

马军武夫妻在巡边

1988年抗洪之后，一八五团决定派一个责任心强、警惕性高的年轻人到这里驻守，1969年出生的马军武被选中，从此他驻守在此32年。1992年，马军武和张正美结婚，夫妻俩一起坚守在西北第一哨。

一八五团辖区内有个5A级景区白沙湖，现在渐渐有了游人。以前哨所常常大半年的时间不见外人，看到天上一只飞鸟，夫妻俩就站在屋顶上，对着飞鸟摆摆手。

临行前，马军武给我们分享了他油煎的小鱼干。我手里拿着小鱼干，和这对坚守边疆、坚守哨所的夫妻合了影。

肆

因为要在铁丝网旁修一条边境公路，2020年5月14日，我再次来到一八五团进行现场调研。

车子在沙漠的道路上行驶，一直开到一个没有路的尽头，脚下全是沙漠。一路看见好几组巡边员举着红旗、牵着狼狗在步行巡边，我问了一个傻问题："是不是不能开车或者骑马、骑车巡边？"大家笑："当然能啊！只是条件不允许啊！"

我家住在路尽头，界碑就在房后头，界河边上种庄稼，边境线旁牧羊牛。

32号界碑就在马军武家的后面。旧的木质瞭望塔矗立在界河边，被岁月侵蚀的实木骨架在风中"吱呀"作响，仰望映在碧蓝如洗的天空下的塔台，仿佛能看见这对英雄夫妻站在那里，瞭望边境线，守卫国土。

因为蚊虫"小咬"特别喜欢化妆品的香气，所以张正美从没擦过护肤品。哨所直到2006年才通电，2019年4月打井之前，夫妻俩一直都喝界河里的水。

哨所的院子里面有个大大的"中"字，院子外面有个"华"

马军武夫妻在升国旗

字，“中华”两个大字就这样镶嵌在祖国西北的边境线上。

马军武夫妻每天早晨先升国旗，然后开始巡边，来回42千米，32年共走了30多万千米的路，可以绕地球八九圈。

他们的孩子已经27岁了，可他们和孩子在一起的时间总共不超过300天。张正美从来没有穿过裙子，她说：“不穿裙子的女人不一定不美丽，不穿裙子的女人不一定没有幸福，我非常幸福。”

马军武获得了很多荣誉，2014年，他荣获“戍边英模”称号，受到习总书记的接见，他提出的唯一请求是想要一张握手的合影照片。

平凡中彰显伟大，普通人铸造辉煌。马军武夫妻用行动践行了兵团精神：“热爱祖国、无私奉献，艰苦奋斗、开拓进取。”

壹

闹钟叫醒了熟睡中的我。天空有乌云，地上有雨渍，前几天还是花骨朵儿的花儿们开放了。走着走着，猛地下起了大雨，雨点打在干旱的地上，激起一股特有的潮味儿，这就是新疆的雨，来得快，去得也快。待班车开动时，已是晴空万里。

2020年5月14日，我们踏着夕阳出发，去了兵团第十师北屯市。认识两年有余的黑龙江援友已经凯旋返回东北，新一批援友还只是通讯录和微信里的一个个名字。此时深感援疆就是接力棒，就是一个个火炬，一批批传承。

抵达阿勒泰机场时已经夕阳西下，我们逆着晚霞，从阿勒泰驱车前往北屯市，坐在车上一转脸，看到了夕阳中的原野。

我们行经奎阿高速，一起出差的基础处的小董参加过这条高速路的设计，当时他还在西安工作，如今已是新时代兵团人。兵团正需要这样的专业人才。专业精神，成就未来，成就兵团。

第二天，我们开车行经广袤无垠的戈壁滩，在新疆，你会感觉人一不小心就走进了风景里，有一条大河叫乌伦古河，就在戈壁中蜿蜒流过，戈壁滩就是碧水蓝天的绝佳陪衬。

贰

坐上大卡车，戴上大红花，远方的年轻人，到边疆来安家。来吧，来吧！年轻的朋友，亲爱的同志们，我们热情地欢迎你，送你一束沙枣花，送你一束沙枣花。不敬你香奶茶，不敬你哈密瓜，敬你一杯雪山水，盛满了知心话。来吧，来吧！年轻的朋友，亲爱的同志们，我们热情地欢迎你，送你一束沙枣花，送你一束沙枣花……

——兵团歌曲《送你一束沙枣花》

2017年来过北屯，那时是个冬天。这一次来，春风万里，沙枣花正飘香。

起了个大早，沿着一条整齐、干净、漂亮的路，来到了得仁山公园。站在山顶，可以眺望北屯市老城区。得仁山，是一代天骄成吉思汗西征的起点，因长春真人丘处机和契丹才子耶律楚材力谏成吉思汗要“得仁者，赢天下”而闻名于世。山顶之上，有大汗挥鞭点将西征的雕塑。

1958年，新疆生产建设兵团主持工作的副政委张仲翰将军登临得仁山，为第十师定下驻地，并取“兵团以屯见长，垦字取胜，十师是中国最北面的屯垦部队”之义，命名“北屯”。

如果不是听了兵二代的介绍，我无论如何都不会相信眼前的满山葱茏完全是人工植树造林而成。走进第十师北屯市得仁山公园，高大挺拔的树木随着山体的起伏呈现出律动姿态，散步的人们与林间鸣叫的鸟儿穿梭在树林间，不时地还会从林中窜出几只小动物，山下是排列整齐的民居。

在“2019年中国森林旅游节”的开幕仪式上，第五批“中国森

从得仁山公园眺望北屯布

林氧吧”榜单正式发布，全国有66处空气清新、负氧离子浓度高、适宜康养的优质森林场域入选，其中就有北屯市得仁山公园。

“中国森林氧吧”评价指标包括申报地的生态、空气、景观、服务能力、交通等条件，尤其注重负氧离子浓度、空气PM2.5颗粒物含量、空气细菌含量等森林健康因子评价。得仁山公园是北屯市负氧离子高浓度地区之一，有“天然氧吧”的美称。经实地监测，公园内PM2.5浓度均值约为每立方米20微克，空气细菌含量均值在每立方米100个菌落数以内，公园内，空气清新优良，负氧离子丰富。

叁

走在这座苍翠静谧的公园栈道上，谁又会想到，20年前这里还是寸草不生、满目砂石的荒山；如今，它已华丽变身，绿树成荫，风景宜人，成为北屯市的形象名片。

1961年，从甘肃来到北屯的军垦一代人还记得当时的北屯没有一栋楼房，都是破破烂烂的土坯房。2001年，第十师开始实施得仁山绿化工程。得仁山地质结构特殊，极不适宜种树，属于三纪泥岩，如何在坚硬的岩上挖树坑是当时绿化荒山遇到的难题。

当时上山的路很崎岖，车辆无法通行，泥土和肥料只能靠人工背上山。种植一棵树，从清理站位、挖坑到最后埋土种植，至少需要5天时间。

“山坡最陡的地方，人根本站不住，我们把绳子绑在腰上，用十字镐一点一点地挖坑，有时候一个坑就要挖3天。”就这样，土一袋一袋地往山上背，树一棵一棵地向下种，经过各族职工群众几十年的不懈努力，得仁山终于从原来的荒山变成了现在的绿山，现在的得仁山绿化面积已达1万余亩，种植各类树木40万余株。现在，第十师北屯市的绿化覆盖率达40%以上，全年空气优良天数达300天以上。

由荒山植树造林而来的得仁山公园

壹

沙漠的风，不再有昨日的疯狂，手牵着手，是排排杨树在站岗，空气中传来，一阵阵迷人的酒香。今夜的你，就醉在千年胡杨旁。总有一天，我们会白发苍苍，是否记得，今夜的月光，杨树和沙漠，交谈旧日的时光，载不动的爱恋，还在这老地方，古尔班通古特的夜……

——兵团歌曲《古尔班通古特的夜》

蓝天因云朵的衬托而更澄明，云朵因蓝天的打底而更妖娆。边疆最美好的季节正缓缓而来，从夏之明媚到秋之艳丽，直到第一场雪降临。与季节的相遇，也如与人的相遇，随着时光，轮回向前，每一程都有新感受、新遭遇，只是，总有一季，总有一些人，是那么的与众不同，会将记忆永远留在这一景、这一刻。

2020年5月22日，我们应一位老领导之邀，前往位于兵团第八师一二一团七连的军燕酒庄。酒庄总经理姜海燕和我是同龄人，我见过她三次了，之前两次是在乌鲁木齐酒庄的经销店里。

通向军燕酒庄的路两边，成排成行的沙枣树郁郁葱葱，春季时是一路沙枣花香，秋季时想必一定是无数沙枣悬挂枝头；成排的参天白杨不惧烈日暴晒，就像卫士一般，守护着万顷良田，此时，成千上万亩的棉花苗已经长得枝繁叶茂。“军燕沙漠生态旅游景区”的红旗在夕阳下迎风招展。

我们抵达时天已经黑了，坐车离开酒店几里地，周边没有任何灯光，我们就站在旷野里看满天的星星。司机说不要离开车辆，也不要独自往外走，因为沙漠里有狼出没。

贰

一早醒来，就听见了屋外的鸟鸣声。我起来走出客房，眼前是一个院子，看得我目瞪口呆。眼前是绿树、蓝天、白云、清风、小亭，鸟儿在低空飞翔，我不信这是沙漠地区。

可是，当越野车载着我们开出酒庄没多远，真的是大片望不到边际的沙漠。沙漠中随处可见梭梭草，一半是枯枝，一半是绿叶，还有无数不认识的昆虫在沙漠里出没；天空中有一只老鹰在展翅翱翔。开车上坡几次都退到坡底，然后再冲刺，一不小心车胎就陷进了沙堆里。

第八师一二一团古尔班通古特沙漠

景区里有一个用井水灌出的人工湖，有圈养着的狼、鹿，还有彪悍英俊的良马。有一大片空地，拴着几只可以骑的骆驼，旁边还拴着几只羊驼。

你无法想象，这座绿色庄园竟然是身为兵二代职工的夫妻俩通过10多年的艰苦创业、不懈努力，在沙漠上建立起来的一座生态绿色长城，2018年获得了“国家绿色长城奖”，成为兵团唯一获此殊荣的企业。

叁

韩建军、姜海燕是兵团一二一团职工，是兵二代。军燕酒庄就是他们夫妇俩艰苦创业，在中国第二大沙漠——古尔班通古特沙漠南缘玛纳斯河畔建造的一座生态酒庄，是国家4A级景区。

第八师一二一团军燕酒庄

一二一团地处我国第二大沙漠古尔班通古特沙漠边上，又处在风口前沿，农作物经常遭受风沙侵袭。韩建军、姜海燕便萌生了植绿锁沙的念头。1998年夫妻俩开始在荒漠中植树造林，2008年夫妻俩果断投资4 000余万元，在古尔班通古特沙漠腹地种植了8 000

多亩林地，种植杨树80万株。现在这8 000多亩林地长势喜人，成活率达98%以上。

夫妻俩还对植被盖度在0.2以下的荒漠区进行了补植，累计补植梭梭50万余株，种植大芸1 000亩，保护区的灌木由封育及补造前的每亩40余株增至现今的每亩200余株，重点保护的次生胡杨林由封育前的47株增至近200株。他们采用的节水滴灌系统，为荒漠植被保护综合治理探索了新模式，总结了新经验。

军燕夫妻俩把造林绿化、改善生态环境放在首位，北治沙，南建农田保护林、经济林。在他们的影响和带动下，团场越来越多的职工投身于沙漠植绿工程中来。目前，一二一团林区已形成了良好的防护体系，沙漠治理与绿洲建设相辅相成，形成了一道强大的绿色屏障，沙尘天气明显减少，绿洲农业得到了有效保护。

军燕夫妻俩还依托人造林地和沙漠原始胡杨林建起了特色养禽场，大力发展林下经济，并开发了旅游餐饮业，带动了当地劳动者的就业。中午我们去吃景区的柴火鸡，发现几乎坐满了客人，而且有不少人是专程开车来吃饭的。

肆

一枝独秀不是春，百花齐放春满园。作为兵二代职工，军燕夫妻俩在致富路上始终惦记着团里的职工。

2016年，他们投资2 000万元牵头成立了“军哥果蔬种植专业合作社”和“燕嫂养殖专业合作社”，带动当地15户职工共同走多元化经济发展道路。

军燕沙漠生态旅游景区在不断加大建设的同时，还新增了动物观赏、乘骆驼体验、滑沙运动等项目，努力实现荒漠增绿、职工增收，并追求景区发展的多元化、可持续化。这些都在见证着兵团军垦的特色，诠释并传承了兵团精神。

姜海燕，兵二代，身材苗条，短发，话不多，这个女子在沙漠里创造了人间奇迹。我仿佛看到了新疆兵团的第一代母亲，那是新中国成立之初，齐鲁大地，湘江两岸，数以万计的青年女性踏上西行列车，投身边疆建设，他们在各条战线发挥着聪明才智，奉献青春和热血，被人们亲切地称为“戈壁母亲”。人称新疆好，地阔天无疆，大漠戈壁滩，巾帼竞风流。

这是使命所在

2018年的春节，我们休假了。难得陪父母，于是跟着老爸逛市场、买煎饼。老爸身板挺直，自顾自地往前走，步伐还很快。经过一个卖冰糖葫芦的，我就在后面大声喊：“爸，给我买根糖球！”耳朵不好的他竟然在我喊了两声之后就回头了。

就在此时，新疆的同事正准备出发，去东风农场看望亲戚们。到了新疆才知道，凡是大家都放假休息的节日，干部们就要下沉基层。一边是节日的礼花绽放，一边是迈向基层的脚步，常年如此，是他们在守护这温暖的年。

3月份，我将有3天需要24小时值班，晚上要睡在办公室。我只是众多干部中的一员，这是我们工作的常态。我在哈密市委党校工作的大学女同学，刚刚担任了新一轮“访惠聚”工作队队长，她对我说：“我们在这儿，这就是使命所在，唯有坚持！”

3月的一个早晨，班车抵达机关很早，一打开办公室的房门，我就看到夜里值班的小伙子还躺在沙发上，说一夜失眠；一转眼发现另一个同事也躺在角落的床上，一问才知道是一夜加班未归。不忍打搅他们休息，便在昏暗中坐着，不开灯，不敲键盘。

6月23日，我和田楠陪同领导去兵团第十三师调研。翻越天山时，山路限速，这便使我们从车窗里拍摄美景成为可能。经过巴里坤大草原时，进入一个9月份即将投产的面粉厂，这是河南省援建的一个项目。厂区在一个被山环绕的草原上，这里的羊会爬山，人不能至的陡峭山坡上有羊道，山脚下的羊和山坡上的羊遥相呼应。

山南一片戈壁滩，山北则是丰饶的草原湿地。风很大，天上的云彩却纹丝不动。

我们来到兵团第十三师红山农场，农场的政委一看就是在兵团长大的汉子，一问果然是一个兵二代。他对我们说：“我们充满希望，我们热爱新疆，我们对自己的职责和使命无比忠诚。”我看着他的眼睛，发觉他的眼神澄澈又坚定。

第十三师的河南援疆项目面粉厂

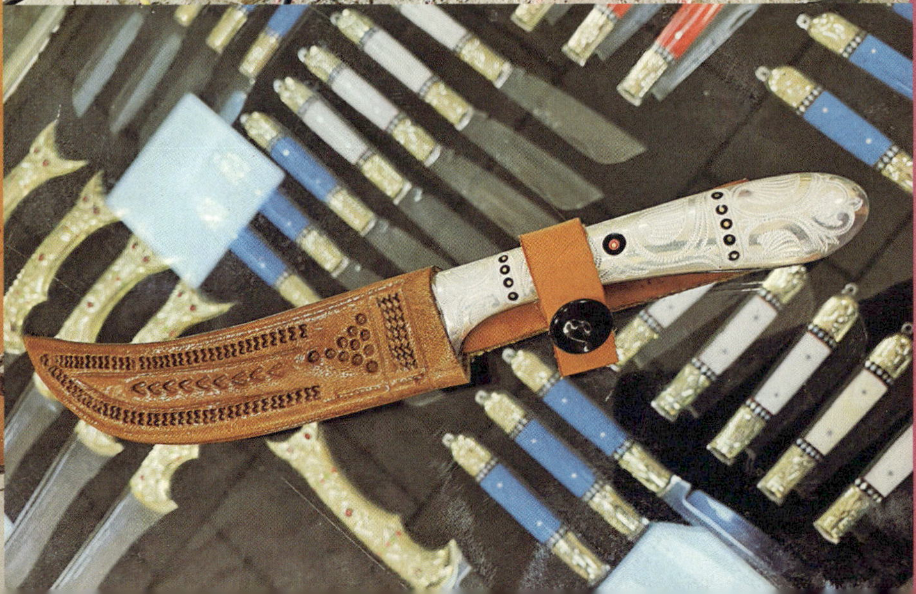

我们的名字叫“援疆”

当祖国召唤的时候

壹

2019年1月，我在东风农场结亲期间，收到教育部援友刘培俊局长的信息，说是要表演集体诗朗诵《当祖国召唤的时候》，参加“同心同力援疆情，民族团结一家亲”2019年中央单位援疆干部人才新春联谊会，希望我做一些组织工作。因为需要女声，而且兵团的援疆女干部本来就少，我便责无旁贷地做了演员。

这首由刘培俊局长原创的诗歌《当祖国召唤的时候》首次在1月19日援疆干部联欢会上表演，后来当时帮助我们排练的乌鲁木齐消防总队的杨导演又邀请我们的节目参加他们的晚会，中国传媒大学的援友宋老师精心组织，让这个节目于1月29日再次呈现在一批可爱勇敢的消防战士面前。

天山事，天下事，不忘援疆报国初心，

祖国西部，天山南北，我们接力传递正能量……

新疆，一个重要地区；

援疆，一项国家战略；

我们，一批特殊战士。

我们来自祖国各地，几代人拥有一个共同的名字——“援疆”！

半个多世纪以前，一位伟人向挺进大漠、席卷戈壁、威震边防的在疆部队，发出一道命令：“你们现在可以把战斗的武器保存起来，拿起生产建设的武器。当祖国有事需要召唤你们的时候，我将命令你们重新拿起战斗的武器，捍卫祖国。”

这一命令，化作屯垦戍边、建设边疆、战天斗地的嘹亮号角，响彻共和国广袤的大地，照亮昨天和今天历史的天空。

这一命令，激发一代又一代援疆人的豪情壮志，汇聚成源源不断的磅礴力量：“到边疆去，到祖国最需要的地方去！”

昨天，老一代援疆人，几十年初心不改，扎根边疆，献身边疆，

——用生动的实践，铸就了一座精神丰碑：“热爱祖国、无私奉献、艰苦创业、开拓进取！”

他们的历史功绩，永载史册。

今天，新一代援疆人，接力棒使命在肩，传承精神，贡献力量，

——用生命的热情，来回答一个时代之问：“为什么来？来做什么？留下什么？”

我们的时代答卷，天山作证。

是谁？献了青春献终身，献了终身献子孙，是他们；

是谁？阔别幸福家庭，又来到沙漠戈壁，是我们；

他们，我们，有一个共同的名字——“援疆”！

舍小家，为大家，践行兴疆固边使命，

伟大祖国，西北边陲，我们携手担当新使命……

新疆工作总目标，援疆工作新战略，要求我们坚守初心，胸怀大局，听从指挥，坚决维护社会稳定，坚定服务长治久安！

祖国召唤，要求我们信守共同誓言：“舍家报国、忠诚担当、团结奉献、创新奋进！”

为了祖国边疆稳定，我们值班，我们站岗，坚守维稳前沿阵地，执行急难险重任务；从城市到村连，从学校到医院，从口岸到哨所，从腹心到边疆，冲锋在前，决胜千里……

为了新疆繁荣发展，我们奉献，我们担当，振兴产业，创新科技，教书育人，传承文化，投身“三大攻坚战”；由北疆到南疆，深入到工矿，忙碌在大田，奋战于牧场，不遗余力，千方百计……

为了民族和谐团结，我们访民情、惠民生、聚民心，与各族群众交往交流交融，踏遍天山南北，走进千家万户……

为了祖国召唤，为了组织嘱托，为了家人期盼！

我们愿意，告别妻儿老小，来到艰苦地区；战严寒、斗酷暑、迎狂沙，与民族亲戚朋友同吃同住同劳动同学习，和睦相处，情同手足；把友情种在各族群众心田上……

我们愿意，离开舒适岗位，来到复杂环境；动真感情，用硬措施，找新路子；把才华用在伟大祖国边疆上……

我们愿意，走出学术殿堂，来到大漠边疆；聚焦发展短板，补齐民生弱项，潜心成果转化；把论文写在新疆辽阔大地上……

我们家人也愿意，承担起陪伴孩子、侍奉老人、料理家务的一切重任，给我们一个坚强后盾和精神脊梁！

我们，我们家人，有一个共同的名字——“援疆”！

援疆情，一生情，接力担当，奋进前行，

祖国新疆，大美河山，我们并肩走在新时代……

援友们见面常说，“三年援疆路，一生边疆情”。大家相约立下鸿鹄之志，拥有一个不负时代、无愧青春的共同坚守；不忘援疆报国初心，践行兴疆固边使命，接力担当奋进前行！

新时代，我们激情豪迈——

有什么情怀，可以志在千里？爱国！

有什么使命，可以初心不改？援疆！

有什么牺牲，可以无怨无悔？担当！

有什么作为，可以天山为证？奉献！

新时代，我们意志坚定——

愿做大漠胡杨，扎根边疆！

敢为天山雪莲，坚守屏障！

甘当戈壁红柳，战胜荒凉！

更像沙场战士，英勇顽强！

新时代，我们时刻准备——

当祖国需要的时候，是谁“热爱祖国、无私奉献、艰苦创业、开拓进取”？是我，我们！

当祖国召唤的时候，是谁“舍家报国、忠诚担当、团结奉献、创新奋进”？是我，我们！

我们的名字——叫“援疆”！

贰

2020年1月4日，我按照组织安排，遵守纪律，五天排练，圆满完成“‘援’践初心　‘疆’爱永恒”第九批援疆工作文艺汇演的演出任务。有幸和来自黑龙江、辽宁、浙江、湖北、湖南、山西、河北、天津和中央单位的援友们一起朗诵了诗歌《援疆深情满天山》，创作者之一谢向红也是一位援疆干部。

怎能忘怀呀？三年前，当我们背起行囊，
接过援疆接力棒，踏进祖国的西部边疆，
我们的全部身心，就扑在这片热土之上。
一颗颗心，和新疆人民紧紧贴在一起，
新疆各族儿女的爱国深情，令我们心潮激荡！
哪怕条件艰苦，我们携手并肩，笑迎风浪；
哪怕困难重重，我们勠力同心，知难而上。

千山万水脚下过，千言万语心底藏。

援疆岁月，给我们留下最美的记忆；

援疆生活，让我们爱上这第二故乡。

大漠孤烟的风情奇景，让人激动不已，

享誉中外的瓜果美食，让人回味绵长；

震惊世界的石窟壁画，让人刻骨铭心，

热情淳朴的父老乡亲，让人终生难忘。

在毡房和巴扎，我们听懂了大地的声音；

在口岸和哨所，我们明白了使命和担当。

西域的风情，已嵌入我们的灵魂；

我们的心间，已刻印大漠的风光。

那些为建设、保卫边疆而长眠天山的英灵——

那些为援疆而英勇献身的志士——

你们，

是祖国的好儿女！

是新疆永远的好儿郎。

新疆的事业波澜壮阔，

援疆的使命光荣艰巨。

……

壹

2017年11月17日，我和援疆干部们一起到了兵团第六师五家渠市。五家渠市是一座在戈壁荒滩上建立起来的兵团城市。似乎兵团的每个师市都有一座军垦博物馆。

“谁言大漠不荒凉，地窝房，没门窗；一日三餐，玉米间高粱；一阵号声天未晓，寻火种，去烧荒。最难夜夜梦家乡，想爹娘，泪汪汪，遥向天山，默默祝安康。既是此身许塞外，宜红柳，似白杨。”这是一位女知青写的词，情景交融，真实反映了当时条件的艰苦以及军垦人远离亲人、扎根边疆、不畏艰苦、无私奉献的精神。

参观第六师五家渠军垦博物馆时，我看到了王震将军的一个题词：“你们为祖国的光荣、人民的福利，在军事上和劳动上都作出了英勇奇迹。”

我还看到了一个有编号的录取通知书：“康荡中同志：你光荣地被批准去新疆军区生产建设兵团参加建设。希望你去新疆后，在党的领导下，积极劳动，努力学习，艰苦奋斗，把自己锻炼成一个既有文化知识又有政治觉悟的新型劳动者，为建设和保卫祖国边疆贡献出自己的一切力量。”落款是中国人民解放军新疆军区生产建设兵团工作组，时间是1965年9月9日。

我们一般都写为了祖国建设贡献自己的一份力量，可这个通知书里写的是一切力量，相比老一辈建设者，我感到很惭愧。

贰

兵团党委党校在第六师五家渠市，之前来过两次。老父亲希望我帮他寻找的在昌吉兵团的老班长，经多方打听，没能完成任务，也不知是父亲记错了名字，还是记错了兵团师市。

2019年8月30日，我第一次走进第六师五家渠市的师部，陪同国家发改委调研对口支援工作。山西省对口支援第六师五家渠市，我和山西省对口援疆前方指挥部的几位援疆干部经常有电话和微信联系，但见面还是第一次；报送的材料也见过很多，摆在眼前却发现很陌生，现在想想，那些关于调研不够的自我批评还是很中肯的。

山西省围绕第六师医院这个行业龙头，牵头集中山西省直属15所三甲医院的医疗力量，从2013年开始，先后选派了4批医疗队共50余人在第六师医院开展医疗援助工作，援疆人才覆盖了21个学科。2018年，第六师医院实现了三甲级医院试运行，组建医疗集团，辐射带动团场医院，使基层群众共享山西医疗援疆成果。

山西省还聚焦兵团建成先进文化示范区的战略定位，注重发挥山西文化优势，量身打造反映新疆特点、体现兵团维稳戍边使命的文艺精品力作，援疆大型音画情景剧《扎根》成功演出多场，评价很高；援疆话剧《生命如歌》《沙枣树》好评如潮。2011年以来，

大型原创话剧《生命如歌》

开展每年一部精品剧目进疆活动，有力推动了晋疆两地的文化交流。“需求定制式”的文化援疆被喻为“山西模式”，在19个援疆省市中独树一帜。

叁

福建省对口支援昌吉回族自治州，我们去了福建省对口援疆前方指挥部和龙岩、宁德两个分指挥部，一整天访谈了16名援疆干部，做了25页记录。福建省结合受援地实际开展课题研究，力争留下援疆智慧，他们的目标是“为国担当，为国奉献，为闽争光，为己添彩”。

三年援疆路，留下的不能只是一生援疆情，“三人行必有我师”，走一路，看一路，很多地方被感动，受启发，影响的不仅是现在，还有将来。

我们参观了福建省援建的“闽疆生态文化村”——昌吉州呼图壁县二十里店村，走在村里规划整齐的“援疆路”上，经过闽疆小巴扎，坐在整洁漂亮的庭院里，听少数民族妇女合唱团的演唱：“夏季里（么就）到了，（这）女儿心上焦，石（呀）榴花的个籽（呀）儿，赛过了玛瑙（呀）！”

福建省援建的闽疆生态文化村

一首昌吉回族民歌，悠扬动听，但这对于能歌善舞的少数民族而言并不稀奇，稀奇的是她们竟然会唱京剧，还会唱闽南歌《爱拼才会赢》。

福建省对口援疆前方指挥部通过实施一批道路畅通工程，打造一条闽疆文化长廊，建设一座文化阵地，培育一个民族食品品牌，扶持一个特色产业，发展一批庭院经济，展示一面“感恩党”全家福笑脸墙，培育一支文艺演出队伍，建造一个闽疆生态村和建设一支坚强的基层党组织班子等“十个一”项目，促进受援地加快发展，改善基础设施，改观城乡面貌，提高群众生活水平，加强民族团结，提升自我发展能力，建成体现中央要求、符合新疆实际、展现闽疆情深的援疆项目。

村里有一个“西域香飘打馕农民专业合作社”。我们还没走到合作社，呼吸间就全是馕特有的香味。合作社有两排馕坑，村民们正在烤馕，各种馕，老乡递给我一个刚刚出炉的馕，太香了，馕是我吃过的最好吃的新疆美食。

我们参观了一家“美丽庭院”，评选标准是“思想好、家风好、学习好、团结好”和“人美、屋美、院美、厕所卫生”。庭院里，架子上熟透的葡萄好像玛瑙，红润如姑娘脸庞的果子叫贵妃海棠，随手摘下的伊扎马特、马奶子、无核白（葡萄品种）都被我盛在了花帽里。

戴上老乡送的珍贵的花帽，开心地和合唱团的女演员合影，我笑得有些过分，但真的是很开心，大家都说我和她们像姐妹。

我和合唱团的老乡合影

合唱团在演唱《爱拼才会赢》

流淌在额尔齐斯河畔的援疆力量

壹

我们从乌鲁木齐飞行1小时到达阿勒泰机场，再乘车去兵团第十师北屯市检查援疆项目。一下飞机，我们就被蓝天吸引了，天空实在是太蓝了，蓝得就像一匹湛蓝光滑的绸缎。

第一次看见飞机追逐着自己的影子降落在跑道上，第一次到这么北的地方，第一次走进一个援疆省市前方指挥部，第一次看见一条笔直的公路在夕阳里延伸至天边，第一次让双足踩在似细盐似绵糖的白雪里，第一次看见月亮那么低地挂在枝叶间。

我盼望在祖国的大西北遇见一场阿勒泰的雪，2017年12月4日一早，这里真的就下了一场洋洋洒洒的鹅毛大雪。

黑龙江省对口支援西北的阿勒泰地区，黑龙江省伊春市对口支援兵团第十师北屯市，所谓黑龙江和新疆之"龙疆情"。

我们先去了黑龙江省对口援疆前方指挥部，和黑龙江省的援疆干部、受援地援疆办的同志们进行了座谈，然后就驱车前往北屯市。黑龙江省第三批对口支援兵团第十师北屯市的援疆干部有27名，其中干部有11名，专业技术人员有16名。指挥部请每一位援疆干部人才都做了调查问卷《援疆九问》。我翻开第一份问卷，读到第二个问题"家庭情况和存在困难"时，我的眼睛立马潮湿了，这是一位1968年出生的援疆干部，他这样写道："家中只有母亲，78岁了，一个人生活。虽然家中有哥哥，但是惦记我是她最大的工作，我想带她来一起生活（如果组织允许的话）。"

黑龙江省伊春市把产业援疆放在首位，结合当地实际，投入资金，派出食用菌专家团队深入一八三团，帮助他们建起了黑木耳食用菌种植基地。援疆教师们开展组团式援疆，利用"一带三""观摩课""公开课""学科讲座"等形式传授教育教学经验，帮带一批当地优秀教师，激活受援地的教育内生活力。

贰

额尔齐斯河是我国唯一流入北冰洋的河流，它源出阿尔泰山西南坡。沿岸风光壮美，河床中巨砾迭瓦，银波翻腾，河谷次生林和河漫滩草甸宛若一条绿色飘带，镶嵌在荒漠戈壁上。其中北屯河段的河谷次生林最为茂密，孕育了白杨、胡杨、青杨、黑杨四大杨树派系，绵延成一片绿色海洋，素有"杨树基因库"之美称。

农业科技联合研究中心

2020年5月，我再次来到北屯市，重访黑木耳基地。2019年1月，黑木耳菌包厂试生产成功，开始全面生产，预计全面投产后实现产值1500万，将带动团场职工260余人就业。投入援疆资金1 200余万元，建造玻璃温室大棚进行水产养殖、蔬菜育苗，帮助打造集果蔬、水产、菌类等于一体的特色种养基地。这一次我还见识了玻璃温室大棚培育繁殖小龙虾。此外，伊春市还积极开展旅游营销推介，宣传第十师北屯市丰富的旅游资源和独特的自然景观。

第十师一八五团东北部的三连辖区内的白沙湖，是第十师唯一一个5A级景区，2018年4月入围“神奇西北100景”。被沙丘环绕的湖边生长着银灰杨、白杨、白桦、山楂树，湖中有芦苇、菖蒲、野荷花。2017年12月，大雪覆盖、湖面结冰时，我们在栈道上遇见过一只狐狸，它一直跟着我们。

一边是湛蓝的宁静湖水，一边是金黄的沙漠，风吹沙起就将湖边的木栈道掩盖了。据说到了秋季，站在栈道上看西北满山遍野的红叶，那简直是美不胜收。

第十师一八五团白沙湖景区

壹

常被临时安排去开会，虽是被临时安排的会，但也得让自己有所得。会中聆听、记录，梳理问题，会后查阅、学习、请教，解决问题，虽不是自己的专业，但让我增长了知识，拓宽了视野，很有意义。更何况，每一次开会都能遇见若干个援友，打招呼时的灿烂一笑会点亮忙碌的一天。

2018年3月，我有三次日夜值班，第一次没配床，就睡在沙发上，后两次有了折叠床。第一次和第二次整夜无事，第三次半夜时电话铃响，急忙从折叠床上爬起来，没等电话响到三声便接了起来，原来是通知落实参会一事。我的值班结论是：日夜太平，一切安好。

3月18日，我们从春雪中的乌鲁木齐出发，一路向西，奔赴军垦第一城。漫天的飞雪转为细雨霏霏，又转为蓝天白云。

初见石河子，就感觉特别的美，美得让人心悦。石河子曾经是新疆生产建设兵团机关的所在地，后机关迁至乌鲁木齐。石河子是一座以农场为依托、以工业为主导、工农结合、城乡结合、农工商一体化的军垦新城，以“戈壁明珠”的美誉著称于世。

贰

1950年1月，边疆大地寒风凛冽，天山冰雪尚未融化，新疆军垦奠基人王震就率领陶峙岳、张仲瀚、陶晋初，外加几位农业、水利专家一行人骑马启程，冒着风雪前往玛纳斯河西岸进行踏勘。当看到那里水土资源丰富，荒草丛生，有400余万亩可垦荒滩时，大家都非常兴奋，初步商定将这一带作为第二十五师、第二十六师的屯垦地区。王震指出，要在玛纳斯河流域兴建一座现代化的新兴城市，既有利于大规模发展农业生产，也有利于安置转业、退伍官兵。

石河子军垦第一楼

他们都看中了石河子，石河子位于天山北麓，准噶尔盆地南缘，原是丝绸之路上一个荒僻的乡野小村。因玛纳斯河流经那里，岸边有一条山洪造就的卵石沟，宛如一条流淌着石子的河，于是人们就为它起了一个形象的名字——石河子。

1950年8月上旬，戈壁滩上烈日炎炎，玛纳斯河流域热浪滚滚，王震偕同陶峙岳、张仲瀚及苏联专家到石河子，确立了新城的

辽宁省援建的一六六团水库

中心位置。

新疆是离海洋最远的内陆，是地球上最干旱的地区之一。

遍布天山南北的河流，是新疆大地的母亲。新疆境内较大的河流有塔里木河、伊犁河、额尔齐斯河、玛纳斯河、乌伦古河、开都河等20多条，能汇成大河的只有伊犁河和额尔齐斯河。新疆河流水源的补给主要靠山地降水和三大山脉的积雪、冰川融水。

王震指出，要把“火云满山凝未开，飞鸟千里不敢来”改造成“瓜果遍地百花开，火车开到这里来”。

经多次反复讨论，石河子城市规划设计方案最终确定，由军人选址、军人设计、军人施工建造城市，这在我国城市建设史上是罕见的。

时光流逝，岁月轮转，陶峙岳将军晚年曾写了一首《书怀》：

百年魔怪舞，国步苦艰难。重霄发惊雷，为民解倒悬。奇兵向边塞，春风度玉关。将军何雍容，谈笑指天山。边军同举义，弃暗乐开颜。各族紧团结，军民共苦甘。改造大自然，开发戈壁滩。挥锄为富国，执戈以防边。万里若金汤，漠影变良田。且喜百姓兴，万众齐争先。卅年勤建树，景物更鲜妍。伟哉共产党，饮水必思源。四化又长征，投砖辜有缘。遥望阳关道，欣看猛着鞭。

原二十二兵团领导创业的旧址，现在是军垦博物馆，前面的广场上矗立着一座引人注目的巨型雕塑：高大矫健的骏马旁边，站立着身着戎装、骁勇刚健的王震将军，他右手拿着望远镜，遥看远方的南山，左手指着脚下的戈壁荒滩，仿佛在说：“屯垦就从这里开始，我们将建造一座现代化的军垦城市！”

王震将军铜像（走马勘探 憧憬新城）

叁

辽宁省大连、阜新、铁岭工作队对口支援第八师石河子市。辽宁支援第八师分指挥部形成了“十个一”的援疆工作思路：一是绿化一片山（将军山辽疆生态园）；二是布满一城车（新能源环保公交车）；三是建设一个园（小微企业产业园或飞地产业园）；四是美化一个连（兵团美丽连队）；五是连通一条线（辽疆旅游专线）；六是筑梦一读吧（少年阅读吧VR心理疏导示范）；七是创立一品牌（师市农产品公用品牌）；八是融资一模式（“一转双升”融资贴息模式）；九是打造一队伍（专业招商队伍）；十是示范一基地（全国节水科技示范基地）。

大连机场挑选了15名技术骨干组团援建石河子花园机场，3个多月就完成了人才招聘、建章立制、培训演练、联合运行、校飞试飞等繁重复杂的任务，并通过了民航局的行业验收。

2015年12月26日，一架波音737客机徐徐降落在石河子机场，象征着石河子通向疆内外的“天路”从此开通。石河子花园机场可同时满足通用航空和民用航空运行，也是新疆生产建设兵团建成的第一个民用支线机场，对于石河子以及整个兵团的交通运输事业发

辽宁省援建的第八师石河子花园机场

展具有里程碑式的意义，也是在交通领域对“一带一路”国家战略的积极响应和落实。

因为工作的关系，我认识了辽宁省对口援疆前方指挥部的几位援疆干部，分指挥长林艾民副师长从东北的黑土地来到西北的戈壁绿洲，他患病的妻子一直跟随着他援疆。第一次听说此事时，感

慨之余无比敬佩，他就是那位在表彰大会上泣不成声的援友。

另一位援疆干部刘新铭副师长以诗抒怀，写下了《天山的记忆》，表达了援疆人的共同心声：

三年援疆路，一生新疆情
援疆，体验了家国情怀
援疆，留下的是难忘的经历
援疆，我们一起走过
援疆，这辈子都不会忘记
感恩援疆，我们增添了锐气
回首援疆，我们无愧于天地
如今，将要凯旋
现在，却不忍别离
新疆，兵团，天山啊
我们要回了，我们要回了
年迈的父母说，孩儿啊，我们盼着你
幼小子女的呼唤，也激荡在我们心里
归心似箭，归心似箭啊
但是我们不舍，舍不得离开你
饯行的酒啊
情不自禁多喝了几瓶红乌苏，多下了两壶小伊力
红了脸庞，湿了衣襟
心口的暖流啊

消融了厚厚的冰雪
眼里的热泪啊
把冰碴驹俐泡出了蒸汽
新疆，让我们如此眷恋
兵团，让我们紧紧相依
天山，让我们刻在了心底
援疆几年，情谊无边
援疆之后，满是印记
我们要回了，我们要回了
你守边陲，我在内地
天涯比邻，海内知己
祝愿新疆，大美无垠
祝愿兵团，再现神奇
祝愿各族人民幸福安康，凝心聚力
祝愿伟大祖国繁荣昌盛，和谐美丽
我们回了，我们回了
再见新疆，再见兵团，再见天山
再见了，亲爱的姐妹兄弟
我们在口内，等你，等你……

壹

2018年6月，援友们有的在南疆下沉，有的在工作岗位坚守，有的挤出时间回家探亲。我想起去年画过的两个路线图，一个是南京到乌鲁木齐的航线图，另一个是乌鲁木齐到喀什地区英吉沙的火车线路图，路途遥远，前程漫长。但是，世界上最遥远的距离，是此时此刻对家乡的所有想念。

从4月到现在，一直都很忙碌。以前，能做到今日事今日毕，还不用加班。现在，几乎天天加班，每天还压着很多事。有那么一阵，开始怀疑自己的能力，觉得自己就像一头被赶着的、到处乱撞的动物，也像一个被上了发条的木偶。

一直想坐下来写点儿东西，却不知从哪里下笔，很多事情都超出了我专业的范围，也挑战了我的认知。夜深人静，我翻阅以前的一段文字："跨出那个用金箍棒在地上画的圈子，人生有多少个方向可以出走？还能够做多少更有意义的事情？生命还能在意外处创造多少奇迹？"我走出了圈子，遇见了无数意外，却尚在寻找奇迹。

贰

2018年6月23日，我到一个师部调研，感觉自己就像个小学生，不仅接触的领域不熟悉，还对师里的情况了解少。兵团机关人少，师市人也少，第十三师援疆办人更少，参加“访惠聚”工作队的，抽调去完成专项工作的，现在就只有主任一人，工作头绪还不只是对口援疆工作。

兵团第十三师在哈密地区，新疆的东部，天山以南。第十三师的前身是一支具有光荣历史的部队——中国人民解放军第六军第十六师。兵团第十三师下辖11个农牧场，红星一场、红星二场、红星三场、红星四场、红星一牧场、红星二牧场、火箭农场、红山农场、黄田农场、柳树泉农场、淖毛湖农场，其中火箭农场与哈密市毗连。

这里是连通新疆与其他省市的咽喉，是亚欧大陆的一个交通枢纽，还是闻名遐迩的瓜果之乡，这里盛产全国知名的水果：有机哈密瓜、葡萄和哈密大枣。

我们晚餐后参观了火箭农场的孔雀园、牡丹园，以及关闭了很久、在前一天才开放的唐人美食街夜市，这次我对兵团农场又有了新的认识。

遗憾的是，在哈密市委党校工作的大学同学接到通知，停止休假，返回村里，未遇。这事若发生在去年10月前，我是不能理解的，现在觉得这种工作状态太正常了。

2021年2月4日，国务院批准设立了自治区直辖县级市新星市，位于第十三师黄田农场，这是兵团的第十一座城市（3月挂牌）。

柳树泉农场是第十三师唯一一个少数民族人口占一半以上的兵团级贫困团场，家底薄，条件差。到20世纪90年代末，整个农场没有一栋楼房，不少职工群众生活极端困窘。

绝大部分道路是人和驴车走出来的小路，晴天一身土，雨天一身泥，3万多亩耕地浇一次水要用20多天。五连是柳树泉农场最贫困的连队，少数民族人口占94%，人均耕地只有2.5亩。

新一轮对口援疆启动以来，河南省委、省政府及三门峡市委、市政府各级各部门领导分别派出10余批共100余人来到柳树泉农场进行考察调研，拿出1亿多元资金用于柳树泉农场五连的住房改造、水利、学校等方面的建设。如今，宽阔整洁的柏油路延伸到职工家门口，五连职工搬进了新楼房，水源汇流工程开始蓄水。柳树泉农场实现了连续四年盈利，人均年收入9 000余元，成了远近闻名的特色园林团场、庭院经济团场。

河南省援建的柳树泉农场沙枣泉富民安居工程

河南省在文化润疆方面也做了大量有益的探索。2010年以来，河南省组织河南电视台与第十三师先后联办了豫疆情《梨园春》联欢晚会、情鉴豫疆《华豫之门》大型系列鉴宝活动、环球拳王争霸赛《武林风》等规模盛大的新疆特别节目，打造了河南文化援疆的优秀品牌。河南卫视《汉字英雄》《金色好声音》等众多品牌栏目相继走进第十三师举办大型公益文化援疆活动；组织了豫剧《焦裕禄》、话剧《红旗渠》、合唱《朝阳沟》、舞台剧《花木兰》等优秀剧目到第十三师慰问演出。

双方历时三年合作摄制的六集历史人文纪录片《天山忠魂》荣获中国电视类专题大奖——“广播电视节目奖”，成为兵团成立60周年的重要献礼片。创作了反映豫疆交往、交流、交融的纪录片《山高水长》；讲述河南兰考拾花女工在新疆采棉和促进民族团结题材的电视剧《花开时节》，入选国家“2018—2022年百部重点电视剧”选题；联合创作了话剧《兵团》；举办了“老军垦看河南”和“河南万人游哈密”等活动。河南省文化单位帮助第十三师建立了广播电台并出版了一系列丛书，帮助红星二场建成了红星军垦博物馆，有力促进了中原文化与军垦文化的融合。河南省对口援疆前方指挥部连续六年被兵团授予“文化援疆突出贡献奖”。

可克达拉改变了模样

壹

“美丽的夜色多沉静，草原上只留下我的琴声，想给远方的姑娘写封信，可惜没有邮递员来传情。等到那千里雪消融，等到草原上送来春风，可克达拉改变了模样，姑娘就会来伴我的琴声……”一首《草原之夜》唱响了可克达拉。

兵团第四师可克达拉市是一座军垦新城，2015年4月挂牌成立，是兵团管理的第八座城市。可克达拉市还是座红色新城，第四师的前身是中国人民解放军五军第十五师。

清朝中期，哈萨克族一部分东归迁至这里，因见其有一望无际的绿色原野，便称为“可克达拉”，是“绿色的原野”之意。可克达拉因盛产苹果、葡萄、蟠桃等水果，又被称为“阿力麻里”，即“苹果城”。

我们组织的“兵团商会会长师市行之北疆行”活动的第一站就在第四师可克达拉市。调研团队的规模不小，一行近50人，告知航班后，大家自行订票，分别前往目的地。

我们考察了霍尔果斯经济开发区兵团分区、霍尔果斯口岸，参观了伊犁恒信国际贸易物流有限责任公司、昆晟新兴科技产业有限公司、伊帕尔汗香料发展有限公司、伊珠葡萄酒有限公司，实地考察了兵团河南商会会员企业伊犁苍野牛羊肉制品有限公司，了解了商会会员企业在发展中遇到的困难和问题，并向师市进行反馈。

这一路，飞跃了雪山，站在了伊犁河畔，看大河两岸，气势磅礴；在田野里抚摸了秋天的马鞭草，在酒庄里欣赏了那些甜美的葡萄。这一路，看到了一座美丽的兵团新城，建筑、道路、河流、大桥、绿化带，不比国内的大多数城市逊色。

贰

我对第四师可克达拉市有着特殊的感情，是因为江苏省对口支援伊犁州和兵团第四师可克达拉市。

新一轮对口援疆启动以来，江苏省先后派出1 000多名干部人才奔赴伊犁州开展对口支援。镇江市对口支援兵团第四师前方指挥组

淮安援疆工作组医疗队

共选派200多名援疆干部人才支援第四师可克达拉市。此外，江苏省淮安市对口支援兵团第七师。

镇江市对口支援兵团第四师前方指挥组连续出台了一系列规范性文件，建立并实施援疆项目“前评估、后评价”的严格全流程监管的工作机制，有效促进了援疆项目的落地和效益发挥。此外，他们始终把教育援疆摆在重中之重，从资金、项目、人才等方面不断加大投入力度，努力创新智力援疆新模式，开展组团式教育援疆，放大援疆人才集聚效应、组团式效应，取得了丰硕成果。2018年，随着镇江援疆史上单体投资量最大的“交钥匙”项目——可克达拉镇江高级中学的投入使用，师市教育水平得到明显提升。

2020年年初，惊闻镇江市援疆干部，时任第四师可克达拉市党委书记、政委，国家级霍尔果斯经济开发区兵团分区党工委书记、管委会主任的丁憬同志患了重病在治疗，不久之后，噩耗传来，让

镇江市援建的可克达拉镇江高级中学

人扼腕。

丁憬同志2012年就到了第四师援疆，直到2017年6月留在兵团任职，他的胸腔里，藏着这座城市的花红柳绿、青山碧水。

“每一个绿化点的工作他都亲自参与，乔木、灌木之间怎么搭配，不同颜色的树如何错落，他带着我们走到哪儿、看到哪儿，任务就下达到哪儿。他要求当天的树必须当天栽好，不能过夜。我们白天干活，晚上开会，经常干到凌晨两三点。”

丁憬常说：“万里去新疆，便要干一番事业，集中精力抓实效，一门心思抓落实，一以贯之抓细节。”正是这样的初心和担当，让他在鲜红党旗上写下忠贞，在边疆大地上写下情怀。

一位援疆干部的心跳停在了2020年3月10日，一座美丽的兵团城市永远地矗立在了美丽的可克达拉。

壹

“兵团商会会长师市行之北疆行”活动的第二站是兵团第五师双河市。第五师下辖9个团，位于新疆博尔塔拉蒙古自治州境内，与哈萨克斯坦接壤。双河市市名源于唐朝在精河和博尔塔拉河交汇处建立的双河都督府，取自“双河”之意。

古丝绸之路上的双河驿站，如今毗邻国家一类口岸阿拉山口，已建成了优质棉花、电力能源、鲜食葡萄、酱用番茄、制种玉米、优质细毛羊等重要产业基地，着力打造“城在林中，路在绿中，房在园中，人在景中”的绿色生态城市。

位于兵团第五师双河市八十四团境内的怪石峪又名“阔依塔斯”，意为“遍地像羊的石头”，是我国西部最大的怪石群之一，因山石雄奇、怪异而闻名。

博尔塔拉蒙古自治州境内有名闻遐迩的“大西洋最后一滴眼泪”——赛里木湖，还有被称为“中国最后一块净土”的夏尔西里。

企业家们参观了荆楚工业园、阿拉山口口岸、双河市城市规划馆和湖北省援疆项目平云汽车产业园，体验了荆楚工业园区一站式办公大厅服务模式，然后我们在园区内召开了座谈会，就师市、园区的投资环境、产业政策、营商环境、项目合作进行了探讨和交流。

贰

湖北省对口支援博州和兵团第五师双河市，已走过21个春秋，探索形成了“多重全覆盖”“有限无限、发展和互动共赢相结合”“双结双促”“组团式援疆”等对口援疆机制，最大限度地调动了湖北各方面对口援疆的积极性。

湖北省是最早实施教师“组团式”援疆的省份，博州在湖北教育大省优质资源的支持下，全州教育取得了显著发展。湖北省以教师队伍为支撑，实施“造血式”教育援疆，助力博州各市县、各学校增强教育自我发展能力。2010年—2018年，先后有近300名援疆教师在师市各级各类学校支教；黄冈市采取“组团式”援疆，重点打造黄冈中学第五师分校，迅速提高了师市高中的教育水平，先后有4名学生考入清华、北大，200余名学生被全国十大名校录取。

在援疆教师中，还有这么一个特殊的群体，他们和自己的家人一起“组团”来援疆，有12对夫妻教师在博州支教，他们相濡以沫，让自己的爱情之花在边疆绽放。正是这些援疆教师和家人的无私奉献和付出，使得博州百姓对湖北教育援疆的获得感、幸福感更强烈、更持久。

叁

在这个援疆教师群体中，有一位举家到兵团第五师八十八团工作、学习和生活，现在定居在此的教师，他叫尹才华， 48岁，原在湖北省潜江市第一中学任初中语文教师，一级教师。

扎根兵团第五师八十八团的援疆教师 尹才华

2012年3月至2015年7月，尹才华老师被湖北潜江市教育局选派到兵团第五师八十八团学校援疆，担任学校的初中语文教学工作，带的两届初三毕业班，中考成绩均排在全师前三名。

2015年7月，三年援疆工作期满，尹才华老师自愿申请调入八十八团学校工作，担任初一语文教师、语文教研主任。同年9月，他携妻子和儿子一起到八十八团工作、学习和生活。

从鱼米之乡到戈壁荒漠，从江汉平原到西北边陲，从对口援疆到安家兵团，尹才华老师成为湖北省通过援疆而调入新疆工作的第一人，他用实际行动诠释着一个教师的家国情怀。

同事们提到尹老师，纷纷竖起大拇指："尹老师是我们学习的榜样。在工作中，他给我们传授了很多先进的教学理念和教学方法；在生活中，他像对待自己的孩子一样关心爱护着各族学生。"

学生们由衷地交口称赞："我们喜欢尹老师，是尹老师让我们变得更加自信，让我们对美好的未来充满了信心。"

尹才华老师说："我是一名人民教师，也是一名援疆干部，更是一名戍边'战士'，所有的一切都是我应该做的。"

壹

喀什是新疆最西部的城市，但是它的火车站还是我20世纪80年代上大学时见过的一个小站的规模。

这是一辆开往成都方向的火车，我的目的地是阿克苏。若干年后如有机会再来喀什，希望它能真正具有经济特区的模样，祝福这座我每两个月必来一次的城市。

截至2018年10月，我已经去过兵团第三师图木舒克市、第六师五家渠市、第十师北屯市、第五师双河市、第十三师（2021年设立了新星市）、第四师可克达拉市、第七师胡杨河市、第八师石河子市。

这次是我第一次在新疆一个人乘坐火车，结束了五天五夜的“结亲周”，我乘坐火车五小时抵达阿克苏，再乘坐汽车两小时到达第一师阿拉尔市，明天将启程去第二师铁门关市，开展兵团商会会长师市行之南疆行活动。

不到南疆就不算来过新疆，来了南疆才知道新疆具有巨大的发展空间。塔里木大学就在阿拉尔市，我的一部分第九批教师援友就在这里援疆。

第一师阿拉尔市的前身是创建于土地革命时期的红六军团，前身为三五九旅。1949年1月，三五九旅改称中国人民解放军第一野战军第一兵团第二军步兵第五师。[①]1949年11月，部队挥师西进，驻防南疆。2004年1月，阿拉尔市正式挂牌成立。

第一师阿拉尔市北起天山南麓山地，南至塔克拉玛干沙漠北缘。2020年新增七团玛滩镇、八团塔门镇、九团梨花镇、十团昌安镇、十二团塔南镇、十六团新开岭镇6个建制镇。截至2020年，第一师阿拉尔市共有15个建制镇，率先在兵团完成所有团场建镇。国家级开发区阿拉尔经济技术开发区是军垦新城阿拉尔市的重要组成部分。

我们去了阿拉尔经济技术开发区、兵团天盈石化有限公司、阿拉尔青松化工有限公司、新疆新越丝路有限公司、新疆新聚丰特种纱业有限公司、新疆纳凯纺织有限公司和阿拉尔台州美居物流园。

浙江省对口支援阿克苏地区和兵团第一师阿拉尔市，浙江省紧扣兵团向南发展这一主题，全力实施“十城百店、百村千厂、万亩亿元”三大工程，助力脱贫攻坚，助力产业发展，助力扩大就业促人口集聚。

① 摘自《农一师阿拉尔市志》。

叁

时隔近一年，我再次走进第一师阿拉尔市，这次是陪同国家发改委进行调研。一大早6点半，我们从昌吉出发，去乌鲁木齐地窝堡机场乘飞机，9点多抵达阿克苏，然后又马不停蹄地赶到浙江省台州市对口援疆前方指挥部。指挥部的背景墙上有两行大字："传承丝路精神，锻造援疆铁军，争当兵团向南发展排头兵。"

下午，我们又奔赴六团双城镇，访谈了团里的几位干部职工，晚上8点半才结束一天的工作。第二天一早又出发，去了一团金银川镇，这个团镇由兵团第七师代管。新疆之大，表现之一就是团和团之间的距离是江苏境内从南到北两座城市之间的距离，单程车程四五个小时稀松平常。

一直觉得兵团工作节奏快，这一次调研算是领教了国家部委的工作风格，时间排得紧紧的，任务排得满满的，用马不停蹄来形容简直恰如其分。就是访谈期间，也不安排中场休息。没有调查研究，就没有发言权；不深入基层，就无法掌握第一手资料，也无法听到干部群众的心声。

掐指一算，我去过的对口援疆前方指挥部竟然才5个。走遍14个师的愿望差不多快实现了，走遍13个对口援疆前方指挥部的愿望有点儿渺茫。沉下去，走走、看看、听听，很有感触和收获。各省市援疆工作压茬交接还有100多天，都在"大干120天"。

南疆下了一场雨，晚上返回阿克苏，雨后的城市没有了浮尘，空气像洗过一般。出了酒店，走了几百米，竟发现有个公园傍河而建，这条河叫多浪河，夕阳与河水交相辉映，还有一轮弯弯的明月悬挂在夜空。

有时候我会觉得特别神奇，好像梦境一般，在这样一个夜晚，我竟然一个人坐在南疆一个城市市民公园的长椅上，这座城市叫阿克苏，绿道上散步的人们，奔跑嬉闹的孩子，倒映在河里的建筑，小广场上拿着红色折扇跳舞的人群，恍惚之间，仿若在南京的玄武湖。可是，这座城市距离南京4 000多千米。

浙江台州组织的援疆丝路之旅

壹

“铁关天西涯，极目少行客。”清早的兵团第二师铁门关市太静了，路上只见几个背着书包上学的孩子，过往的车才一两辆。

在兵团，一不留神你就能遇见一段光辉的历史。1946年8月，中国人民解放军三五九旅返回陕甘宁解放区，经过南下北返、中原突围的连续作战，消耗很大，兵力严重不足。王震将军请求党中央从三五九旅派一批干部去物产富饶、人烟稠密的山东老解放区组建一个旅，党中央很快批准了。1946年冬，张仲瀚等带领三五九旅和晋绥军区的321名骨干，一路风尘，来到山东组建新军，部队番号渤海军区教导旅。1947年7月，部队定名为西北野战军，同月，渤海军区教导旅调归第二纵队建制，改称独立第六旅。

1949年2月，中央军委将独立第六旅统编为中国人民解放军第一野战军二军步兵第六师。10月10日，步兵第六师由甘肃张掖出发，进抵酒泉、玉门、敦煌一线集结待命。不久王震命令师长张仲瀚迅速组成一支先遣队，于11月抵达新疆南北疆分界处的天山咽喉焉耆、库尔勒地区进行踏勘布点，受到各族人民的热烈欢迎。1953年年初，步兵第六师集体就地转业，执行农垦任务。

河北省对口支援巴音郭楞蒙古自治州和兵团第二师铁门关市，保定市主要支援兵团，他们创造了“河北速度”，总投资4 091万元的二十九团河北现代农业研发基地试点项目，仅用5个月就投入使用，获建筑业“昆仑杯”最高奖；“十二五”期间，率先在兵团实施了团场天然气入户工程，使14个团场近3.5万户职工群众用上了清洁能源；实施了14个团场安居富民和基层组织阵地项目建设；以铁门关市为依托，助力兵团向南发展，实施了铁门关市基础设施、社会事业等各项建设。

河北省帮助建设了二二三团“冀援迈康”农业产业基地项目，助力精准脱贫；支持师市传媒中心建设，把党中央的声音传播到各族职工群众中；从保定、廊坊等学校选派的43名优秀教师，以“组

河北省援建的二二三团『冀援迈康』农业产业基地项目

团式”援疆形式分赴师市华山中学、八一中学、铁门关中学及有关团场学校，开展为期三年的支教工作；河北医科大学长期举办在职研究生进修班，为师市培训医疗卫生人才；全方位、多层次的人才援助为师市干部人才队伍建设注入了活力，促进了师市干部人才队伍整体素质不断提升，为师市留下了一支“带不走”的人才队伍。

此次兵团商会会长南疆行，我们考察了铁门关市城市规划、养老院建设和铁门关市银基广场、美食城等项目。

叁

兵团第二师铁门关市位于巴音郭楞蒙古自治州境内。巴州历史悠久，丝绸之路南中两道均通过巴州。

巴州除天山、昆仑山、大漠、大湖、大草原、大戈壁自然景观外，还拥有众多的历史遗迹和人文景观，比如铁门关、楼兰古城遗址、锡克沁千佛洞、米兰遗址等。博斯腾湖、巴音布鲁克、天鹅河、罗布人村寨、胡杨林景区也都在巴州境内。库尔勒市有座横跨孔雀河的建设桥，孔雀河畔是市民的休闲带，我们到的季节，正好有成群的野天鹅。

在库尔勒能遇见很多浙江籍企业家，他们从家乡浙江来，又将这里当成了故乡。听他们讲巴音郭楞蒙古自治州的故事：“三大洲、三大河、三大山、三大关，还有三大宫。”

一解析，我笑了。三大洲：欧洲、亚洲、巴州；三大河：长江、黄河、孔雀河；三大山：黄山、华山、龙山（位于库尔勒）；

三大关：山海关、嘉峪关、铁门关；三大宫：白宫、克里姆林宫、哈拉玉宫（库尔勒的一个乡）。

河北省计划外援建的铁门关市融媒体中心

壹

边疆的夏天是宜人的，即使是正午，烈日当空，在树荫里依然是凉爽的。晚上，站在兵团机关大楼前的广场上，凉风习习。

2019年7月，为了筹备第七次全国对口支援新疆工作会议，大家已经忙碌了很久，会期临近，这些日子变得异常忙碌。我常给自己打气：要么当最帅的总指挥，要么就做一个快乐的工兵，要保证自己的每一步都是排除障碍往前进的。

昨天在兵团电视台审会议用的宣传片，一起审片的宣传部领导是几个月前刚从山西选调的干部，他对我说：“你要感谢这段经历，因为它让你回到学校后会获得极高的幸福指数。”我知道，他想表达的是兵团的工作压力大、强度大。

和田夜市的烤蛋

晚上10点，我们乘飞机前往会议召开地和田市。落日时分，机场的工作人员正在指挥飞机起飞，动作干练娴熟，映在夕阳里，特别美好，我知道打动我的不是夕阳，而是在夕阳里的奋斗者。

第二天白天写材料，晚上发放会议材料，挤出来1个小时的时间，我们来到著名的和田夜市，品尝了传说中的烤蛋和格瓦斯啤酒饮料。和田夜市有烤蛋、烤面和烤肉系列，我们从夜市的这头走到那头，又往回走了一遍，像阅兵一样检阅了夜市上的美味。

最后我驻足在了一个“阿凡提馕”的摊位前，认真地看了一只馕的生产过程，并花了3元钱买了一个刚刚出坑的馕，这是最能打动我味蕾的新疆美食。

贰

和田地区，古称“于阗”，藏语意思为“产玉石的地方”，和田地区是以维吾尔族为主体的多民族地区。说到和田，很多人会想起和田玉，想起和田夜市上的烤蛋、杂克尔馕和烤包子。

但是，对于兵团人来说，脑海里浮现的第一个画面则是“沙海战士”。那是一群穿越“死亡之海”塔克拉玛干沙漠的奇兵，二军第五师第十五团官兵在飞滚的流沙上踏出了一条生命之路，他们创造了人类行军史上的纪录，

『沙海战士』穿越塔克拉玛干沙漠

飞出了塔克拉玛干沙漠，解放了和田。

王满飞曾在《沙海老兵诗话》中写道：“日中存温度，寒夜沙如铁，问星辰之无眠，何处是家？识苏武之苦艰，有国为志！沙暴滚滚如大江，风沙停后人似洗，一日行走之百里，半月沙海而挪移。已见胡杨之树立，跨越死海而兵临，遥识和田之城楼，千五百里而已至。”

另一幅画面则是“铸剑为犁，屯垦沙海”。1950年，面对一片荒沙戈壁，十五团团长蒋玉和手持犁锄，对着团里的战士们发表了一番深情的动员讲话，从此左手持枪，右手扶犁，开启了“沙海战士”屯垦戍边的历史。1953年，十五团30岁以下、身体健康的战士编入国防军，其他人变成生产营的战士，对于“沙海战士”们而言，“十五团驻和田万不能调”的命令从此成为一生的使命。

1954年，刘来宝住进了新营地刚挖的地窝子，老营地开垦出的4万亩良田已经全部交给地方政府，现在又要开始新的奋斗，“十五团驻和田万不能调”的命令，伴随了刘来宝的一生。对于这些“沙海战士”来讲，屯垦建设的过程更加艰难，荒地分散、环境恶劣，好多次，刚开垦出的新地，芽苗刚生长出喜人的绿意，一场沙尘暴后，就连土带苗地不知去向。“沙海战士”们建起了兵团十四师四十七团，并扎根在了这里。

四十七团的荒沙地和盐碱地，变成了丰美良田，小城镇也矗立了起来，“沙海战士”们都变成了“沙海老兵”。这些“沙海战士”们40多年来守在四十七团，连火车都没有坐过，甚至连和田都没有出过，他们用青春和生命守护了边疆的岁月静好。

1994年，健在的“沙海老兵”们登上火车，走出和田，前往乌鲁木齐，参观今日兵团，参观今日新疆。他们带着已经逝去战友们的愿望，从乌鲁木齐开始，看一看他们守护了一生的边疆。已经习惯了沙海风尘中艰苦的屯垦岁月，他们没有睡在宾馆的床上，而是在地毯上和衣睡了一晚。

石河子市是老兵曾经的战友们建设的第一座兵团城市，在石河子军垦博物馆的门前，他们看到了王震将军的雕像，老兵们自然地排成一列，整齐地敬了一个颤抖的军礼："报告司令员！我们是原五师十五团的战士，我们胜利完成了你交给我们的屯垦戍边任务！"

王满飞还在《沙海老兵诗话》中写道："将军像前，古稀之年，老兵默默还成列，颤抖军礼，特告司令员，屯垦戍边已胜利！今日边疆大不同，昆仑山下，各族心连，高楼与良田。"

叁

第十四师昆玉市地处昆仑山北麓，塔里木盆地南缘，皮山农场、四十七团、一牧场、二二四团、二二五团5

北京『百店专柜』专项行动

个农牧团场如星星般嵌入和田地区境内。

北京市和安徽省对口支援和田地区，北京市对口支援第十四师昆玉市。北京市对口援疆前方指挥部坚持“首善”的标准和“科学、全面、真情援疆”的理念，重点围绕向南发展、深化改革和脱贫攻坚工作，蹄疾步稳地推进北京援疆“八个一”工程，即建立一个对口帮扶机制，实施一批民生工程，打造一个工业园区，畅通一条销售渠道，开发一条旅游精品线路，锻造一支干部人才队伍，架起一座桥梁，建设一批基层战斗堡垒，形成了北京援疆模式，确保了师市的社会稳定和长治久安。

紧盯“两不愁、三保障”这一贫困人口脱贫的基本要求和核心指标，北京市朝阳、海淀、大兴和平谷四个区，以及北京经济技术开发区，分别与四十七团、二二四团、皮山农场、一牧场和二二五团签订了对口帮扶协议，加大对口援疆脱贫攻坚力度，积极推进深

皮山中学合唱团在演唱《兵团的心》

度贫困团场基础设施建设及产业援疆、市场援疆、“一对一”携手奔小康对口帮扶等重点工作，为师市脱贫攻坚作出了重大贡献。

北京市支援建设二二四团完全中学，结束了第十四师没有高中的历史。2018年，二二四团完全中学更名为昆玉中学。

第七次全国对口支援新疆工作会议的其中一个观摩点便是昆玉中学，我也得以在开会前和考察当天走进了这所学校。高中部教学楼上悬挂着“为党育人　为国育才”八个大字，门前竖立着一块宣传牌，上面是“热爱祖国、无私奉献、艰苦奋斗、开拓进取”的兵团精神。

我们还去了皮山农场中学，在校园里的小广场上，一群维吾尔族学生正在合唱《兵团的心》：“大漠埋不了这颗心，流沙卷不走这颗心。天山的雪，天山的月，在作证我们一代代兵团的心。塞上秋风染白，染白了双鬓，扎根化作了红柳林，化作了红柳林。就是这样始终不渝，就是这样痴情不泯，不改不变，不移不悔……”

肆

都说“和田人民苦，一天半斤土，白天吃不够，晚上还要补”。一晚没关窗户，第二天早晨，宾馆茶几上布满了灰尘，随手写下“和田”二字，深刻清晰，足见沙尘之厚。据统计，和田地区一年有200多个沙尘天，傍晚走了一圈玉泉湖和团结广场，嘴里都是小沙粒。南疆虽然自然环境恶劣，但是和田城市比我想象中漂亮，公园也很宜人。

团结广场上矗立着一座毛主席接见维吾尔族农民库尔班·吐鲁木的巨大铜像，基座上还镌刻着毛泽东的诗词《浣溪沙·和柳亚子先生》。库尔班·吐鲁木1883年出生于新疆于田县一个贫苦的维吾尔族农民家庭，1949年新疆解放，库尔班·吐鲁木过上了幸福的生活，萌发了要到北京去见毛主席的心愿，多次要骑着毛驴去北京看望毛主席。1959年6月28日，库尔班·吐鲁木乘汽车，转乘火车来到北京，受到毛主席的亲切接见，实现了他一生最大的愿望。库尔班·吐鲁木于1975年去世，享年92岁。他生前两次见到毛主席，曾是全国劳动模范和第四届全国人大代表。

广场的南部竖立着“五星出东方利中国”雕塑，西面是古城墙。1995年10月，中日尼雅遗址学术考察队成员在新疆和田地区民丰县尼雅遗址一处古墓中发现汉代织锦护臂，上面织有八个汉隶文字“五星出东方利中国”。

我们坐车沿着沙漠公路前往库尔勒。大学时读三毛的《撒哈拉的故事》，了解了沙漠并非荒蛮之地，而是充满了柔情。现在真正走进塔克拉玛干沙漠，经过几百千米的无人区，方知沙漠中若有柔情，那便是来自生命、热爱和坚持的。

我见到了沙漠中的胡杨，坚韧不拔，“生而不死一千年，死而不倒一千年，倒而不朽一千年”。维吾尔语“托克拉克”，意思是“最美丽的树”，说的就是沙漠胡杨。这沙漠胡杨因沙漠而怒放生命，浩荡的沙漠又因胡杨而生动美丽。

每一步都是崭新的抵达

马不停蹄忙招商

壹

喜欢在网上读到的这句话："我们的脚步认同崎岖，用向往去连接世界，在路上，每一步都是崭新的抵达。"

从早上9点半开始，我基本都是跑着办事的，没和椅子亲近过，校文字无数，还有未完成的任务，午饭未吃，抓紧时间靠在沙发上眯一小会儿，随时准备再次出差，只希望千万别让我今晚就出发。

2018年4月11日，我们要飞赴天津，参加津洽会并组织兵团招商引资推介会。

我喜欢旅行，但是不喜欢出差，相比而言，我宁愿待在卡子湾，从宿舍到机关两点一线，偶尔看看不远处的风景。半夜才散会，回到宿舍，我直接翻出一件衬衣塞进箱子。不需要做任何攻略，因为不会有时间去看一座城。天津的任务一结束，大部队就要飞往河南郑州，参加豫洽会。

抵达天津时已经是凌晨了，是新的一天了，但是我还在同事的房间，一个下午和晚上未曾离开过电脑屏幕，大家也都在准备各种材料。说心里话，我虽然没有做过这种工作，但是会议组织工作是相通的，这种临阵还在磨枪的准备工作一定是哪里出了问题。

我所在的联络信息处负责组织兵团商会邀请当地的企业家参加活动，和商会、企业家打交道也是第一次，我还负责准备兵团宣传的PPT。

当时并不觉得，后来才深刻感受到援疆工作将我的世界猛地往外延伸了一大块，就像一座老城又开发了一个新区。不仅是知识领域的拓展，还有人际资源的拓展，从那些我以前不曾接触过的民营企业家身上，我学习了很多。

早上5点多就醒了，掀开窗帘的一角，发现这座海边城市的天已经亮了，而那座离海最远的城市的晨曦还没有来临。越忙碌时，越要将心儿摘下，探索和调整自己的心理和格局，这和对身体的锻炼是一样的。保持身体和精神的干净美好，让自己冉冉发光，在生命的每一个阶段，都像新生般持有初心。

工作几个小时后，眯了1个小时，然后一直忙会到晚上5点多，之后又到深夜。兵团各机关、14个师市和开发区、工业园区都会派人参加这种活动，当时兵团有国家级经济技术开发区3个，国家级高新技术产业开发区1个，国家级经济开发区兵团分区2个，工业园区25个。也就是说，我们每次组织的是一个兵团代表团赴各省市开展招商引资活动。

贰

2018年4月14日，忙完津洽会，大家随即转战河南郑州。大学时，一年4次在郑州站转车，却从未走进过这座城市。今天穿过华北平原再次来到郑州站，出站不久便接到了婆婆的电话："红梅啊，想你了！你那下雪了，别冻着。"我说我这一周都在出差，她嘱咐我注意身体，我也让婆婆多保重。来自婆婆的问候冲散了郑州弥漫的尘雾。

我们挤在宾馆的房间里开会，地方拥挤，我便缩在角落的床头柜上，双腿悬空至麻，便盘腿而坐，这就是兵团的节奏！

因为有一项工作需要我提前返回，便将手头豫洽会的工作交给同事，独自先行返回乌鲁木齐。航班延误，凌晨时分才回到离开了近半个月的卡子湾。

叁

从上午10点半开会至下午2点，然后吃饭，下午2点半接着开会。赶在下班前发了工作通知，然后值班，又加班至凌晨4点，草拟了智库建设方案。请朋友远程帮助设计讲座海报，主题和邀请的专家虽不是法学的，但还是找回了一点儿在学校工作的感觉。

一早就被安排了新任务，领导嘱咐我要与民营企业家多打交道，要成为另一个领域的专家。办公室从工业园区和企业借调来几个小伙子，他们让我时常想起在学校时的研究生助理，他们都拥有阳光般的灿烂笑容。

7月13日是南京大学本学期最后一天上班，下周开始放假。我们这一批教育部计划的援友，有的老师已经结束一年援疆任务，准备返回学校。我依然在忙碌地工作，今晚又要开会，明后天还要加班，月底要忙会，然后还要参加“结亲周”。要保持笑容，才能让心里开出花来。

肆

2017年的9月3日，起了个大早赶飞机，经停银川，抵达乌鲁木齐。今天也起了个大早，慢跑快走，是给自己一个新目标。

一年时光，飞一般地消逝，将所有的喜悦、艰苦、孤独都留在了身后，我和时间都在走，我告诉自己要礼让时间，请时间先行，我便可以走得更从容。援疆岁月必将是我此生的一次历练，是我人生旅途中的一笔意外财富。

要在每个清晨醒来，接纳刚刚度过黑夜的人儿，一同迈进依然温柔的清晨的风里。

今年的秋天冷得早了一两周，兵团机关院子里树林葱茏，但树梢处有了一些凋零的黄叶。那棵在6月盛开的梓树已是满枝下垂的果实，叶子的绿色开始饱满起来，就像在青绿中调进了鹅黄色。自然真好，夏花秋实，在冬天沉潜，然后在春天复苏，一天天鲜活起来。

加班是常态，不加班是非常态。自己安排加班绝非是能力不足的表现，而是责任心强和自我要求高的叠加。终于挤出一个下午补工作记录，这也是一个学习的过程，学思想，学知识，学提炼。人生要防范几大危险，其中一个就是精神懈怠的危险。

下雨的乌鲁木齐有点儿像秋天的南京，风起雨落，气温骤降。昨晚赴约，迎来送往，欢送一年援疆结束的江南大学的郇老师，迎接接替他两年援疆的单老师。一部分老师是一年半援疆，还有一部分老师是三年援疆。

天越来越冷了，早起变得越来越困难。如果要给自己一个不起的理由，那就是人生要随心所欲、顺其自然，哪有那么多必须做的事情；如果给自己一个必须起的理由，那就是逆流而上会有不同的风景，人生总要给自己一些使使劲才能够得到的目标，拉伸拉伸身心。

伍

我安静地坐在书房里，从进宿舍到晚上12点，整理一年的记录。我买了一张新疆地图，用贴纸标出了去过的地方，想9月休年假去一趟禾木村的计划也泡汤了。收起了夏天的衣物，不知在这儿还能穿几季。

要像孩子般，对世界抱有热情，持有好奇心，但是工作中也要克制孩子气。这里是机关，不是高校，官员和学者还是有很大区别的，很多地方都不同。现在做的和适应的不管对将来有没有用，都当成对自己性情的锻炼吧！

2018年9月22日，又开始紧张工作的节奏了，去成都出差。中秋将至，几家好友开始在微信群里约饭，突然之间，特别想家。结束在成都的工作，返回乌鲁木齐，离家又远了一程，节日的气氛让思乡的情绪开始发酵，就像这机场浓浓的云。

9月24日是中秋节，我独自在边疆。清晨一直在做梦，手机一直在震动，摸过来一看，是铺天盖地的中秋祝福。我起床拉开所有窗帘，让阳光进来，然后打开音乐，放松心情。

和爸妈、婆婆都通了电话，表达了节日的问候。

2017年的中秋节恰好在国庆节假期，被紧急召回。离上一次回家已是4个月，久得不想过节。“明月啊，让我拥抱，带我翱翔。”秋雨霏霏之地并非江南，明月升起之时仍在天山。心中已无归途，因为不知哪里是归途，何时是归时。

新疆的云彩

壹

我从遥远的对角线，走到遥远的远方，奔着另一个自己而去。我已在远方，从此，远方成了我的世界。风开始的地方，云升起的山头，路到头的旮旯，电再不延伸的小屋。走得有多远，回去就要多久。

忙碌时，身体与精神都像张满的帆，能量满满；一旦放松了，身体和精神都失去了张力，就像生病了，需要静养，自我净化，等待新生。世界很大，人心要与世界攀比，海川奔腾，星空闪耀。

我打开机关大楼走廊的窗户，凛冽的风带着大片的雪花迎面扑来，地面已经覆盖了一层白雪，乌鲁木齐开启了冬天的模式。

在新疆最需要准备的，不是应对各式各样的雪天，而是独自走在风雪中，自我温暖的勇气。

在边疆的第二个寒冬开始拉开大幕，即将上演的冬剧不知会和去年有什么样的不同，但我知道，不会再有那个12月份从远方飞来看雪的小姑娘了。

谁能告诉我，这样的忙碌，所做的事情，于将来的工作，于自己的成长，有何意义？总是在极度的忙碌之中，产生这样的疑惑。只有一点儿不曾改变，那就是认真对人对事，不随波逐流，在任何环境中保持最本真的自己。

即将出发，赴北京组织兵团产业推介会。在出发前，我将宿舍进行了大扫除，给植物花卉浇水，将3张新照片贴在了墙上。窗台上的小娃娃们静静地待着，看我每天来来回回，看我的喜怒哀乐。

2018年11月30日，我牵头组织了北京产业推介会。分管招商引资工作的李主任最初让我先联系北京的办会场所，后又以其他人不熟悉前期开展的工作为由，让我将这个工作负责到底。虽然多做了工作，多承担了责任，但是人和工作是互相成就的，我完成了工作，工作也成就了我。

一波好几折，习惯了计划性、可控性工作的我，对于这种在当天凌晨甚至开始前1小时还在改变的工作，实在是觉得自己的耐心已经耗得差不多了，距离爆炸也就1米的距离了吧！而这1米的距离，也是和同事通力合作完成的。

好在所有的环节都是顺利进行的，人没有卡壳，机器没有卡壳，心情也没有卡壳，可内心却没有圆满的喜悦，而是深深的不安和惆怅。都说是收官之作，向工作群、商会群、联络员群表示了感谢，落实了明天的细节。

我对自己说："你来到一个地方，发现这里并不是想象中的那么美妙，但你已经来了，有限定的时间，不能自由决定来去，那就尽量以此地为根本，来做些不虚此行的事情吧！"

12月11日傍晚时分，一个可爱的小姑娘欢跳着进了门，让我看她的语文作业，我教她大声朗读课文，录音给她听自己的童声。坐在班车上，我给前段时间去南京复查身体的婆婆打了电话，她说晚上失眠，会爬起来看我的文章，又担心我这里寒冷，还担心孙女。我让她放宽心，好好照顾自己。辅导小姑娘，问候老人家，让我找到了一些“家”的感受。

贰

时间已是2019年，工作日志落笔时，依然会错写成2018年，下一个365天，每天都会与2019年相随。

我们在组织商会会长座谈会，这个会从节前忙到现在，从领导讲话稿、总结报告到发言材料的审核、会务组织，今天终于落地。相比北京产业推介会，相比在学校几百人的学术会议，这个会的组织算是简单的，可是很多工作却总是计划不如变化快。

2月21日，这座边疆城市天亮得早了，早上班车的窗外已经不是黑漆漆一片。春节休假20天后再次归来，似乎一切又变得陌生了。原本常见的面孔换了一拨新面孔，原本亲切的变得怯生生，原本熟悉的变得很遥远，原本笃定的变得很犹疑，原本期待的变得不再抱希冀……有一种一切渐行渐远，而我依然站在原地的恐慌感。援疆一年半的此时，需要克服的竟然还是心理关。

一个单位3个援友，田楠结束援疆，今天接替他的新援友王凯到了，陈主任即将去新的领导岗位履职。

因为机构改革，援疆办（经协办）被撤销，曾经共事一年半的同事们很快也会分到新的单位，不知道还会和谁共事。能做同事也是一种缘，很深的缘分。能做援友和同事，是更深的缘分。离别总是以各式各样的面貌出现，谁知道下一场离别又是什么，又会是怎样的伤感。

2月28日，我挂职的援疆办（经协办）不再保留，结束使命。田楠回到北京，每天骑车上班，陈主任今天上午10点半去新单位上任，我等待再分配。

好记性不如烂笔头，多年来养成了记录日志的习惯，没想到这些日志竟然被用来统计加班时间。不统计不知道，一统计吓一跳，2018年我竟然加班了60余天（按照8小时一天计算）。其他援友和当地干部的大部分人只会比我多，不会比我少。这就是援疆干部所承担的工作压力和所肩负的责任。

叁

上山容易下山难，我们一直被教导要斗志昂扬、永攀高峰，其实我们更要学会在下山路上如何走得漂亮。正如曾国藩所说："决定成败的，不在高处，在洼处。"

2019年4月，我因脚踝骨裂回宁休病假。一周前和妈妈通电话，我听到妈妈腿不舒服，便让哥哥带她去医院检查，就没敢说自己的情况。"五一"节时，委托先生带了东西和钱回去，爸妈才知道我受伤了，责怪我不告诉他们，妈妈还说她可以去新疆照顾我。长这么大，还没侍奉过父母，一直都是他们照顾我，想及此，不禁唏嘘。

想起我的愿望之一就是想哄父母到新疆陪我，因为父亲年纪大了，不想挪地，又舍不得孙子辈，这个愿望没能实现。

每次通电话，老父亲的第一句话就是："小妮啊，爸爸想你了。"

壹

2019年6月11日，我看到了新岗位的任命文件，我被调整到了兵团发展和改革委员会援疆工作处（开放合作处）。工作二十几年，不过就换了两个单位，可援疆才两年，就换了两个工作岗位了。

我是援疆办党支部的组织委员，去新岗位报到前，我把大家的组织关系一个个都转出去，给机关党委打了撤销党支部的报告，收了最后一次党费，我的这项使命也完成了。有时候不仅要做一块砖，还要做一座桥。

有人说：“你怎么做什么都这么认真，你最大的优点是认真，最大的缺点是太认真。”我不想改变，不论大事、小事，只要保持认真的态度，就不怕做不好工作，很多人也许就缺少了这股较真的劲儿。

兵团机关小树林的早晨，阳光倾泻而下。边疆的夏日清晨，凉爽得需要穿一件外套。晚上下雨了，回宿舍的路上晕车了。很久没去卡子湾援疆干部食堂吃饭了，今晚就特别想吃有烟火味儿的食物。一小碟菜，一碗面皮，一个人吃饭。援友走过我身边时，轻轻问了一句：“是不是想家了？”我笑问：“为啥？”他说：“看你吃的东西啊！”

食堂的人走得差不多了时，我的眼睛竟红了，我站在单元门口，听着雨声，看远方的晚霞，才觉自己真的是孤身一人。明天太阳升起，又将是新的一天。

将手机与天空平行，将目光与镜头垂直，拍下这盛夏的绿，绿荫下是渺小的一个我。今天最喜欢的一句话，送给喜欢的你们：“人再渺小，世界再大，我们的心就是宇宙，理想的心不死，我们的心就会有力量；无论什么样的境遇，追求理想的脚步都不要停下。”

贰

2019年7月，我因为筹备第七次全国对口支援新疆工作会议，认识了兵团其他部门的同志，工作有交集，情感有交流。一位被抽调去自治区筹备组工作的宣传部的年轻同事，常常通宵达旦地工作，面对困难时也有犹疑。我对他说：“要做一个自带光芒的人，影响环境，改变环境。”这是鼓励，也是共勉。

我又说：“我们要让父母、孩子、家人为我们感到骄傲。终于有一天，我们的孩子也会让我们感到骄傲，这是一个互相影响、彼此呼应的生命系统，我们必须相信它的力量。”

此时已是晚上10点，我走出机关大楼，仰头看看依然有光亮的天空，希望这个时间离开机关不会成为一段时间的常态。

人生有多少个第一次？早上11点出发，傍晚6点半返回，瘫在沙发上眯了一会儿，起来煮好粥，洗完澡洗了衣，打算吃完饭看个邮件，就美美地睡一觉。可就在此时，手机响了，是陈处长打来的，要求我再去兵团机关准备一份材料，晚上务必要报送给兵团的分管领导。

于是，晚上10点半，我从卡子湾宿舍打车，再次回到机关大楼，幸亏我之前整理了工作推进表，所以很快便完成了所需的材料，凌晨1点又回到宿舍。这样的加班还是第一次，以后回到学校基本不会有。如果没有好的身体和强大的内心，是不能来援疆的。

叁

忙碌的日子还会继续。人生有时是需要一些阶段性的、看得见的东西来证明走过的路、做过的事、取得的成绩的。只是这些东西不可以只是种的花开了，也不可以只是增加了一块沙漠里的石头，更不可以只是闲暇时发着呆和时光看似无意义地流过……

启用第四本援疆工作记录本，这一本将伴随着援疆倒计时。静下来，理一理，看看还要做些什么，看看还能做些什么。

时间总是以同一个节奏在行进，快与慢只是个人的感受，你并不能确定自己是希望它慢一些还是快一些。有时候觉得人生漫长，这一段时光如白驹过隙；有时候又觉得来日并不长，这一段岁月会像慢镜头般播放。

援疆第二年似乎少了一些新奇、忐忑、追求，多了一些失望、伤感、懈怠，越来越觉得力量微弱，也就只能影响周围10米，有时候连这点儿也做不到。但是走过的地方越来越多，感受也越来越深。

援疆让我知道了生命是有无限可能的，无论何时何境，都要心怀理想，不纠过往，不问未来。10月下雪，冬至美食，3月结亲，4月春暖，5月花开，6月夏果，7月再见。

肆

今天立秋。四季轮回，像漫天云彩，从晨曦的清朗到黄昏的绚烂，边疆的夏天还没好好感受，就已经只见背影了，秋日也长不了，很快漫长的冬天就会来临，白雪将是这一年的光阴底色，从10月到4月。我试图在有限的时光里，去创造定格一生的欢喜。

颈椎疼了很久，短暂的假期结束，疼痛却没有缓解，电脑不敢碰，很多事无法完成。折下的花其实不会再绽放了，但它依然给宿舍带来了好看的颜色。新疆的土豆很容易煮熟，也很绵，吐鲁番的沙瓤番茄可以生吃，放了几块香肠，打进去一个荷包蛋，再放入一些绿叶菜，薏仁米红豆熬的粥，这是一个人的午餐。很多年后，也许才会了解什么叫“当下”，才会了解记录的意义。

因查询某件事情发生的时间，翻看自己的记录，追溯到若干年前。突然被自己感动，何时何地，竟然写下了这么多的感受，写给走过的路、看见的风景、遇见的人、经历的事。这些文字和图片就印在往后闪过的时间里，今日如慢镜头般播放，但也已经在往后闪了。那些看似暗淡下去的往事，总在忆起时再次生动起来。诚诚恳恳、细细柔柔地记录心迹，这种能力不知道还会拥有多久，不经意间将一件事情坚持得足够久，总会有超出预期的收获。

总有一些事情与众不同，总有些人带来喜悦和忧伤，总有些喜悦从微小处升起却直击人心，总有些沮丧让人感受到前程远大却再无意义。心灵深处的向往，由衷无悔的热爱，只有这些才是最重要的。

伍

疼了3周有余的颈椎终于好了许多，上周只要坐下来几分钟不动，就疼得不能动弹，针灸、放血、推拿、吃药、牵引都用上了。今天虽未痊愈，但是已经能坐下来了，欠下的任务不能再拖了。

在任何阶段、任何时候，人总是要有目标的，大目标、中目标、小目标。就是出个差，挤出时间，见到了想见的人，吃到了想吃的美食，就有了目标达成的喜悦感。这些喜悦叠加在一起，就会构成人生满足，人生就永不会沦陷。

用了9个小时的时间，处理了几个材料，梳理了一些待办工作，理了理自己要做的事情，脑子里终于有条有理了。把在新疆最后一个秋天和冬天也做了计划，希望一一实现，不留遗憾。时光很漫长，当下很短暂，谁也不知道将来会有多少意外、多少犹豫、多少迟延。

与岁月争高低

壹

2019年9月，已经是援疆两周年了。做事情时，只有保持一种状态的延续，方能游刃有余，就像写作，就像思考。生命也很奇妙，似乎总有一些节点，由不得自己，有时懵懵懂懂就过了，有时却要伤筋动骨才行。

最近总不知道如何落笔，想给自己一个阶段性的总结，思绪却如毛线团般，越理越乱，没找到它的脉络，耽于碎片化的记录。

2017年9月3日，我踏上这片土地；2018年9月3日，我在卡子湾晨练，清晰地知道这是自己的第一年；2019年9月3日，结束4天的基层调研，一个单肩包就是全部的行囊，第一次体验了乌市地铁，坐过了站再返回，反正都是前方。

只买一张单程票的日子会越来越近，我如何让脚步变得更从容？我如何与岁月争高低？

贰

马不停蹄，这是最近的节奏，感同身受的人并不多，责任感、使命感在我这里、在援友身上绝不是一句大话，如果没有这点，我不知道该如何坚持。

我没有迷路，我知道目的地，也知道方向，只是偶尔陷入泥沼，走出来总要变得更好，这取决于心的力量。半径缩小，欲望至简，生命愈发厚重，精神趋于纯粹。越早明了自己，并遇见那份热爱，就会越早获得自由。

离援疆结束还有10个月，最后1 000米往往更难，如何保持斗志不懈怠，如何克服失望低沉，保持乐观，如何送给自己一份在边疆的第三个生日礼物，都要规划好。

忙碌了一天的傍晚时分，匆匆经过二楼大厅，不经意抬眼一望：哇，那是秋日的云之绚烂吗？驻足，用手机定格美好。忽然想起这几句话："心随境转是凡夫，境随心转是圣贤。用惭愧心看自己，用感恩心看世界。"

时间不够多，所以我才会在黑夜里安静而清醒地干活。也会有那么一瞬间恍惚，仿佛整个世界只有自己，没有人关心我今夜是在宿舍还是在办公室的行军床上。

在新疆的第三个中秋节，收到组织的慰问，还受邀参加了兵团发展和改革委年轻人的节日聚会，并和单位领导、援疆战友和年轻的同事一起吃了火锅。见到这么多年轻的脸庞，仿佛回到校园：铁打的校园，流水的学生，那真正是青春永驻，永远的18岁。用心工作，用心生活，做一个内心坚定的人，是一生的功课。愿大家永远眼神清澈，永远笑靥如初。

我参加了一个外事系统组织的培训，从早到晚，课程排得满满的，收获也满满的。国家部委的专家完全脱稿做报告，也没有PPT，时间、数字、事件娓娓道来，真的是不同的领域，为我打开了另一扇窗。

相比两年之前刚进疆时的培训，同样的内容，感受已完全不同，因为我们已经走进了新疆，走进了兵团，很多事情就发生在我们的身边。听了专家介绍的新疆形势，不由得对自己和援友们多了一份敬佩，我们的付出是具有历史意义的。

叁

忙乱的一上午，只有这一刻才安静。一早特意去了久违的兵团机关院子东北角的小树林，早晨的阳光只洒满了一小片草坪，小径上依稀有光痕。凌晨一梦，梦见自己重回校园。再过若干年，这片小树林还会记得我曾经记录了它四季的模样吗？它会一直在吗？就像南京大学校园里田家炳楼前的那株红枫。

3个宣传系统的援友参加策划的《天山》是兵团的第一部音乐舞蹈史诗，我与援友们一起前往观看。坐的位子偏了点，却拥有了一个难得的视角，我很喜欢这个构图，站在舞台角落却正对着我的这些年轻的面庞，在我眼中反而成了主角。

你看世界的角度，决定了世界给你的精彩程度，这是生活赐予我们的人生智慧。

壹

为陪同北京的一个课题组调研援疆工作，我再一次来到了喀什。自治区发展和改革委陪同调研的有一位应处长，浙江人，20世纪80年代的大学生，大学毕业后毅然选择到新疆工作，他的身上依旧保持了浙江人的温婉气质。

来喀什无数次，往往都是从喀什机场直奔英吉沙县。今天到了喀什宾馆，看见了山东对口援疆指挥部的办公地；晚上在入住的酒店，看见了“援疆旅游专列”的欢迎牌。在这里，“援疆”就是我们的名字，看到这两个字，我们感觉分外亲切。

今天是沙尘天，这个胡杨林最美的季节，恰是南京桂花飘香的时节。和调研组的专家转了转晚上的喀什街道，夜景很美，如果下点雨，遮蔽尘雾，湿润空气，你会分辨不出这里是江南还是南疆。

乘坐的汽车被追尾，好在人无碍，停在路边等待交警来处理事故的时间，看见一个维吾尔族结婚的车队路过，欢快的音乐声灌入耳中。这世间，每一次遇见都是偶然，又是必然。若不是绕了路，也许不会被追尾；若不是被追尾停了一会儿，也就错过了领略另一个民族喜庆的结婚氛围。援疆、换岗、坚持，看似绕了路、脱了轨，谁又知道我因此遇见了什么，收获了什么。

在喀什的第二晚，扬起的风沙提醒着我，这就是南疆的一座城市，树叶和路边的茄花上满是灰尘。

调研组一行来到喀什综合保税区，来自重庆的一位援疆干部介绍了他利用自己的专业为保税区做的改革和取得的成绩。

从喀什到兵团第三师图木舒克市，路上随时都能遇见美景：山是荒山，但是配上湛蓝的湖水和一丛丛芦苇，便成了仙境；沙漠荒凉，但是配上秋天的胡杨、黄沙间的小生灵，便成了画卷。这就是新疆，大美新疆，每个拐角处都是美，美得似曾相识，却又如初相遇。这里是兵团第三师图木舒克市的长安湖，一边是湖水，一边是沙漠。

长安湖的沙漠胡杨

贰

2019年10月24日，调研组一行回到了乌鲁木齐，走在早晨的街头，手和脚都被冻了，冬天又来了。今天是陪同调研的第五天，我们去了位于乌鲁木齐的兵团第十二师的师部，调研了第十二师的粤和汽车超市、新疆七颗星门业有限公司、兵团乌鲁木齐工业园区科技创业中心、天润乳业，还去了兵团第十二师的新疆九鼎农产品批发市场，这是新疆最大的一级农副产品批发交易市场，市场很大，货物琳琅满目。援疆期间，走了很多企业，之前没有过，今后估计也不会有。

我非常喜欢在九鼎市场里看到的一句话：“将新疆的味道带向全世界。”

叁

鲍勃·迪伦曾说：“有些人能感受雨，而其他人则只是被淋湿。”大雪至，隆冬始。今日大雪，阳光明媚，我们要做的不过是拉开窗帘，让阳光倾洒，照亮白墙上的海报。看那株落地生根恣意地长成了它自己的模样，等花开。三角梅还在开花，那些凋零的花瓣，被我轻轻地放进了玻璃器皿。还记得第一次走进这间宿舍的情景，干净整洁，没有人间味道。现在有了感情，却已是第三个冬天。

下午，送别一位兵团发展和改革委退休的领导，又迎来两位新领导于主任和邢主任，两位新领导都是从北京来的任职干部，也是我的援疆战友。正像这时节，辞旧迎新，于他们而言，都是新生活、新机遇。我却有辞新迎旧的感受，一些还没来得及变旧的即将成为过往，那些暂别却从未远离的即将回归。

深刻的总会刻在记忆里，无所谓新旧，昨日犹在眼前，新岁并不遥远。就像我们曾经穿越的风景，有些消失在眨眼瞬间，有些却印在了眼里，美的感受都铭刻在心。收拾收拾，要以收获喜，不以岁月悲，从从容容地跨越又一个年岁之交。

低至尘埃　影响一片土壤

壹

2019年12月24日，我为兵团发展和改革委的同事们做了《加强制度建设　提高依法行政水平》的电视电话讲座。这是兵团发展和改革委孙涛主任交给我的任务，因为不熟悉行政法，起初是有些退缩的，但是又觉得自己毕竟有法学学科背景，应该可以胜任这个工作。

我用了几个月的时间，补了行政管理和行政法学两个学科，听了无数个网络视频课程，看了几十本书，查阅了大量的资料和案例，无数次请教学校和实务部门的专家。其实每一个部分都可以单独成专题，但最终要将这些部分在一个讲义里呈现出来，还是有些难度的。这个工作也就是开个头，在兵团转变“政”的职能的背景下，这项工作是很有意义的。

虽然辛苦，但是最大的受益者是我自己，带着问题去学习是一个很好的学习机会，事半功倍。在完成这个工作的过程中，我还有一个感慨是：你得化为尘埃，甚至还要低于尘埃，才能对一片土壤产生影响。待回归校园时，此理同样适用于高等教育。

贰

进疆的第一个月，我就计划在客厅的那面墙上，一个月贴一张自己在新疆的照片，看看结束援疆时能贴多少张照片。此时，那面墙上已经有29张照片了，2017年7月至2020年1月。最近的一张照片是新年和维吾尔族学生聚会，我与三个美丽女生的合影。

2020年是援疆的第四个年头了，已经不只两三人说我像新疆人。1月18日的早晨，我还在乌鲁木齐，天气晴朗，空气通透，打开走廊的窗户，可以听到走廊里冷风呼啸，但是站在广场上，却感受不到一丝风。

此时，家乡都变成了远方。院子里还有人在寒冷中坚持走路。很快，我就会回到家乡南京，这里将变成远方。

时光一直在往前，前程无限，人却逆时光而行，可能性有限。这是来自年关、来自离别、来自即将重逢的感伤吗？我不知道，只知道又要拿起行囊，从一个远方到另一个远方。唯愿“美好”会一直回答：“在，我在啊！”

1月20日，乌鲁木齐的早晨有太阳，也有薄雾。总要启程，因为要回家。祝福回家过年的旅人，一切都顺遂，遇事有人帮，有难迎刃而解，像我今天一样，延误也不过1个小时，只是听几首音乐的时间。不要问我是归心似箭，还是恋恋不舍，也许这正是人在旅途的意义。

叁

一场突如其来的疫情，打乱了援疆的节奏。继续居家待命，完成力所能及之工作。和处里的小伙子、小姑娘微信电话，保持交流。虽不知何时能返回，但是进入援疆倒计时，这件事却没有改变。给自己确定能做的两三件事，也许是一两件事，也许只一件

卡子湾小区正在组织核酸检测

事，争取留下一些离开之后还能行之有效的东西。

这两天有两三位援友问我：“你是想回去，还是不想回去？”我想了想，认真回答：“想回去。虽然在家待久了就像寒暑假会上瘾，但是凡事得善始善终，按照计划去，自然得按计划结束，更何况还有未完成的工作，还没好好地和大家说再见。”

有人说：“生命在，有的是时间干事啊！”我回答得很由衷：“但是时间不够啊！有些时间是有期限的，有些事也是，援疆就是。”

南京下雪了，相比春雪，南京的春雷和春雨更值得记录。见过大西北的雪，此时便想到了那句话：“曾经沧海难为水，除却巫山不是云。”真有点儿想念那座此时还是冰天雪地的边疆之城，室外步履艰难，室内温暖如春。因为冬日时间长，又被班车时间左右，很遗憾，这几年都没有好好地走过它的几条街道，没机会拍下走街串巷中会遇见的烟火世界和动心场景。有人说过：“只要步履不停，我们就能遇见。”可是，我们总会错过很多。

2020年3月，我开始整理文字和图片，有点儿像人生回放。从2017年援疆开始到第一个春节，发生了无数个第一次。时光如白驹过隙，此时，真是到了归程的时刻。不粉饰自己的选择，不夸大自己的牺牲。

结束援疆之后，不知道这里还会有多少人记得我，但是我相信自己的生命会融在这段岁月里。这些琐细的记录会汇成暖流，慢慢流淌过我的生命，此时此刻正在发生。

壹

2020年3月22日，南京的樱花已经开了，这几天援友们都在返程中，今天应该最集中。在机场时，接到了卡子湾援疆楼的物业电话，问我几点到，告知臊子面已经放在冰箱里了，这让我们这群刚刚离开家的人又有了回家的感觉。这样的返程也许是最后一次了。

川端康成曾在书中写过：“凌晨4点醒来，发现海棠花未眠。”离开63天，深夜回到宿舍，发现三角梅依旧盛开，落地生根虽已凋零，却也夹杂着新花瓣，即使开过的也保持着花的模样，簇

南京牛首山的樱花和古建筑

拥在枝头。美并不在乎你在与不在，美始终在，这才是美吧！

新疆的春天是随着风来的，几场大风之后，就是春色满城了。昨天只是花苞的桃树，一天工夫就绽放了，卡子湾小区的院子顿时有了色彩。

贰

今天是援疆第965天，疫情后返疆第36天。虽进入倒计时，却有许多事要做。本着一贯认真的态度，希望将所负责之事做好。尽己专业所能，不遗余力，付出终将有所获。

中午走过的街道，傍晚拍摄的五星红旗，都将定格在记忆深处，就像一面红旗，随时迎风飘扬。

风很大，这个季节其实已经不适宜在户外走了，我在兵团机关院子里走了一会儿便决定放弃，可忽然看到了草坪上的蒲公英，远远地望过去，早晨的阳光正好倾泻在这一块草坪上，便决定走过去看看。与大楼前的另一块草坪相比，因为阳光的偏心，这里的草更绿，花更多，也更艳丽。

一本近4万字的讲义——《加强制度建设　提高依法行政水平》昨天发给了同事们，做个记录。这是援疆的收获，要感谢这个任务，压力和责任让人成长。

叁

2020年5月6日，晚上11点才散会，这个会开了6个半小时，我汇报了一个议题：启动兵团发展和改革委的职责清单编制工作。这个工作，在2月份居家抗疫期间就已经开始了。任务很有意义，我对完成任务也很有信心，因为我一直相信，做任何事都怕“认真”二字。

5月10日傍晚时分，看见远处的博格达峰被夕阳扫过，很震撼，这就是日照金山吧！在南京，在学校，有很多美景，却永远都不会看到这样的景色，而且这不过是傍晚时分窗前的随意一瞥。

三年看似白驹过隙，于个体而言却是不屈不挠、无悔之岁月。前程和个人无关，唯愿对一个集体有贡献，且最大化，恰如援疆倒计时的工作任务。

肆

今天是假期，跟着一群朋友去东山野炊，随便就能找到一个山坳。沿着羊道爬至一个小山顶，回头欣赏了一下乌鲁木齐这座城市。

金露梅又叫格桑花，正在开放，远处山腰处有一群羊，刺人的荨麻草用开水烫一下便变成了一道佳肴。朋友们的野炊之专业水准超乎我的意料，大帐篷、折叠桌椅、炉子、锅碗瓢盆、大桶的水，连羊肉、蔬菜都是到了现场才清洗的，羊肉用鸡蛋调拌，原味肉串才是真美味，他们还做了一锅手抓饭。我用视频记录了全过程，待有朝一日回南京学着做。

“攒劲得很！老道得很！”大家都对这次野餐的食物赞不绝口。

来到了山巅，又何必在意山脚和山腰的人，你只需要和同行者一起，仰望天空，向远山呼喊，听听自己的回声。

时间太珍贵，内心里虽然知道来日并不长，却还没有做好告别的准备。越是忙碌，越要沉静。

2020年6月25日是端午节。下午参加兵团组织的援疆干部座谈会，晚上和援友们欢聚一堂。座谈会上，我作为五个代表之一发了言，谈援疆做了什么，收获了什么，留下了什么。我又说：“三年援疆，我们所付出的艰辛，在‘一生只做一件事，我为祖国当卫士’的兵一代、兵二代面前，都显得微不足道；我们作出的成绩，在沙漠变绿洲的人间奇迹面前，都变得不足挂齿。”

站在山巅眺望乌鲁木齐市

屹立在沙漠里的胡杨

到祖国和人民最需要的地方去

壹

不是每一朵花都能盛开在天山上，雪莲做到了。不是每一棵树都能屹立在戈壁，胡杨做到了。

雪莲花，生长于高山雪线附近的岩缝、石壁和冰砾泥中，海拔2 400米—4 000米。胡杨树龄达200年，树干通直，高10米—15米，稀灌木，树叶奇特，因生长在极旱的荒漠区，为适应干旱环境，生长在小树嫩枝上的叶片狭长如柳，生长在大树老枝条上的叶片却圆润如杨。

我没有亲眼见过盛开的雪莲花，但是我见过生长在塔克拉玛干沙漠里的胡杨，我还见过在天山、在戈壁扎根的援疆战友。

“援疆干部人才”是特指的一群人，除了这一群人，还有很多选择到新疆、到兵团工作的援疆人，我们是援疆战友。

我见过一个好看的LOGO，整体构图为心的造型，同时也是英文“青年”（youth）的第一个字母“y”，图案中央既是手，又是鸽子的造型，还与红色的背景构成爱心图案。它是青年志愿者的标志，寓意是中国青年志愿者向社会上所有需要帮助的人奉献爱心，面向世界，奔向未来，伸出友爱之手，表现了青年志愿者“热心献社会，真情暖人心”这一主题。

“用一年、两年，抑或是三年的青春岁月，做一件终生难忘的事情。”这是“大学生志愿服务西部计划”志愿者的座右铭。这个特殊的年轻群体一直离我很遥远，直到我选择了援疆，走到了祖国的大西北，走到了他们的中间。

2018年8月“结亲周”期间，东风农场的领导邀请我们用工作餐，席间多了5个年轻的面孔。这5个年轻人住在农场的招待所里，我因为借用卫生间进了其中一间，一看就知道他们不是来出差的。

一介绍，才知道他们是刚到农场的大学生志愿者，分别来自山西、江西、贵州、广东，4个女大学生，1个男大学生。我们鼓励他们要以农场为家，把农场作为成就事业的乐土，在各个岗位上百炼成钢。

“大学生志愿服务西部计划”是国家重大人才工程“高校毕业生基层培养计划”的子项目，是引导和鼓励高校毕业生到基层工作的五个专项之一。项目自2003年实施以来，已累计招募了33万余名高校毕业生和在读研究生，到中西部各省（自治区、直辖市）及新疆生产建设兵团的2 100多个县（市、区）开展基础教育、服务三农、医疗卫生、基层青年工作、基层社会管理、服务新疆、服务西藏等方面的志愿服务工作，在全社会尤其是青年中唱响了“到西部去，到基层去，到祖国和人民最需要的地方去建功立业”的时代旋律。

迄今为止，新疆生产建设兵团共迎来了29个省市选派的12 000余名大学生志愿者到基层岗位服务，充实了基层力量，改善了基层人员结构，成为兵团引人聚才的重要渠道。大学生志愿者们接续开展服务工作，书写了无愧于时代、无愧于青春的奉献之歌，为兵团事业发展作出了积极贡献。

一位“90后”的书记这样说：“基层是最好的田野。我们下基层去工作，把青春融进祖国的山川江河，融进广袤的乡村田野，在田野中吸取养分，历练成长，青春才能在基层绽放光彩。”

贰

就这么巧，今天看到了经济协作处借调的小伙子彭瑞的一篇文章《致我的支教妻子》。彭瑞是我们单位从阿拉尔经济技术开发区借调来的一个小伙子，非常能干，大家正在动员他考兵团的公务员。

彭瑞和他的妻子曾经是“大学生志愿服务西部计划”的志愿者。2011年，他毕业于河南商丘师范学院，湖北人，他和妻子为了同一个梦想“到西部去、到基层去、到祖国最需要的地方去”，参加了“大学生志愿服务西部计划”，分别在湖北和山东登上了开往新疆的火车，从此开启了他们相识、相爱、永结同心的人生旅程。

那时，他们都在阿克苏当志愿者，去给一个贫困家庭的女孩义务辅导功课，彭瑞辅导这个孩子的数学、物理，他的妻子辅导这个孩子的语文、英语，他们还一起去给这个孩子买鞋子，一起去孩子家过年。孩子患白血病的母亲送给彭瑞的妻子一个亲手绣的钱包，并跟她说：“彭瑞这个小伙子真不错。”

后来，他们真的走到了一起。志愿服务期满后，两个人都选择了留在新疆。2013年，他们一起到兵团第一师阿拉尔市工作，2017年，两人喜结连理。

彭瑞长得很喜庆，大家都很喜欢他，陈主任还常常开玩笑说彭瑞像个小皮球。他在大学时怀揣演员梦，曾在浙江横店做了一名群众演员，而且曾经被同一个导演拒绝过18次。后来，他选择成为一名“大学生志愿服务西部计划”的志愿者，从此，新疆成了他的圆梦之地。

起初彭瑞在阿克苏地区拜城县许昌团结小学做一名支教老师，他的第一堂课上的是“白蝴蝶之恋”，结果他紧张地写成了“白蝴蝶之变”，孩子们哄堂大笑。下课后，他耷拉着脑袋走出教室，可没想到教务主任跟在他身后，笑着说：“小伙子讲得不错，比我们这里教了好几年的老师都讲得好。”

被鼓励的彭瑞感觉到一股暖意，他暗下决心，要尽快投入到工作状态中，尽己所能教好孩子们，不辜负“老师”二字。他到网上找资料，去听老教师的课，为了走进孩子，他带着男同学在尘土飞扬的土操场上踢足球，到网上学唱女同学喜欢的男明星的歌曲。孩子们越来越喜欢上他的课，喜欢找他问东问西，也常常回家讲起“胖老师”的事情，他还时常被邀请到孩子们家中做客。在这里，他感受到自己被需要的价值感，开始走出演员梦破碎的失落，重新找回自信。

支教3个月后，彭瑞被借调到阿克苏地委宣传部。他的主任是从基层一步步历练出来的，出身教师的主任像教学生一样从最基础的内容教他，他跟随领导2个月，跑遍了拜城县4镇10乡开展调研，走进基层第一线，用自己的眼睛去看，用自己的耳朵去听，这些宝贵的经历让他在工作岗位上渐渐成长，并被评为“自治区优秀志愿者”。

2013年5月，他顺利地通过了考试，成了阿拉尔经济技术开发区管委会的一名干部。2018年，他又被借调到兵团援疆办（经协办），负责招商引资工作。

他偶尔会翻开空间里的志愿者相册，看看自己曾经傻乎乎的喜庆样儿，想想自己就要这样扎根边疆了，心里有许多感慨。他说原来的单位现在有20名“大学生志愿服务西部计划”的志愿者，每每看到朝气蓬勃的他们，就会想起曾经的自己。两年的“大学生志愿服务西部计划”的志愿者经历，让他找到了青春的航向，也圆了他实现自我价值的梦，还让他收获了终身受用的志愿情怀。

2018年10月，我做了他公务员面试的主考官。现在，他已经是兵团商务局的一名公务员，也是兵团招商引资工作的骨干。

壹

2019年6月，第七次全国对口支援新疆工作会议的筹备工作正在紧锣密鼓地进行，我负责宣传片和13个省市对口支援兵团援疆成果展的准备工作。在搜集、补充资料的过程中，我认识了兵团第一师阿拉尔市发展和改革委的高文宇，但都是用电话、微信、邮件联系，一直未曾碰面。

每次材料、照片都要得很急，而且很多时候都是下班时间，可高文宇都能不厌其烦地及时回复我，高效率地完成工作。看他的朋友圈，发现这是个年轻人，山东蒙阴人，喜欢打篮球。

这一次来第一师调研时，终于见到了这位年轻人，个子很高，戴着眼镜，还保持着大学校园里学生的模样，他非常认真细致地帮助我们落实了调研的行程安排。

一交流才知道，他也是一名“大学生志愿服务西部计划”的志愿者，毕业于泰山学院，2018年刚刚来到兵团第一师阿拉尔市援疆办，后来因为机构改革，被并入发展和改革委员会。

他刚到援疆办时，主要负责撰写信息，3个月后，因为部门人事变动和机构改革，他几乎承担了所有的业务工作，从项目计划编制、援疆资金审核拨付到各类计划、总结、信息的撰写和报送。

这也是为什么每次联系工作时，高文宇都能独当一面的原因。“上面千条线，下面一根针”的基层工作特点，让这些年轻人肩负重任，得以快速成长。

他说刚到南疆时，因为水土不服，鼻子里经常流血，但是新疆太大了，太美了，雪山、草原、湖泊、林牧场，除了大海以外，祖国的任何美景好像在这里都能看到。

贰

我问他为什么选择留在兵团工作，毕竟这里的生活和工作环境特别艰苦。

他想了想说：“我服务的第一师阿拉尔市是一个充满希望的城市，我想看着一个城市从落后到繁华，从新生到崛起，做一个兵

高文宇（左一）参加植树造林活动

团第一师发展史的参与者和见证者，应该是一件很有成就感的事情。这里能让我感受到家国情怀。作为一名中共党员，我感觉在新疆更能实现自己的人生价值，更能让自己的人生有意义，还有就是受到了兵团精神的感召。当时决定留下的心境可以用一句诗来形容：‘青年当有志，有志在四方；祖国需要处，皆是我故乡。’”

2019年6月，高文宇有幸与共青团中央书记处第一书记贺军科进行交流，他记住了贺书记的勉励：“珍惜韶华，在新疆这片热土上增长见识、磨炼意志、锻炼才干，为人生留下一段美好的青春回忆。”

叁

谈及困难，小伙子的唏嘘之情，不能自已。他的父母分别在他初中和大学时先后去世，他对亲情的眷恋可想而知。2019年12月月底，他在山东老家的奶奶去世，去世当天晚上，他接到老家的电话，按照习俗，奶奶第二天就要下葬，可新疆到山东有4 000多千米，坐飞机回去最少也需要一天，根本赶不上。

到了新疆，就会知道什么是路途遥远、长路漫漫。尤其到了冬季，恶劣的天气条件常常让航班极不正常，航班延误、航班取消都是家常便饭。一个在北京上学的兵三代，她的爷爷在塔城去世，她接到通知后立即启程，可硬是用了25个小时才到家。

2019年11月，兵团发展和改革委的援友宋主任的父亲突然去世，远在兵团的他没法及时赶回河南老家见上最后一面，成为他终身的遗憾。2018年11月，在兵团教育局援疆的刘局长的父亲病重，他也未能及时赶回老家。

当我在键盘上敲下这些文字的时候，我的双眼模糊了。其实，援疆干部还经常被不理解，甚至是被误解。2019年11月，我在浙江丽水出差，参加兵团团委为南疆年轻人组织的电商培训班，遇到了一个当地的企业家，他说："去援疆不错，也没啥事干，还可以到处转转。"我保持了相当的克制，对他说："你真应该去看看你的浙江老乡们在那里援疆都干了啥，不了解还是不要随便评论。"

我问高文宇："让你感到震撼的是什么？"他说："这里夜间经济几乎没有，网购很多都不包邮，物价却堪比一线城市，相比其他城市有太多太多的不足，但还是有无数人愿意投入到新疆的建设当中。"

他也有过无数次想要离开这里的想法，但每当想放弃时，他就叩问自己：当初怀揣的梦想是什么？一想到师市的发展有他的汗水和泪水，他就又坚定了留在这里的信心。他的微信签名是："初心不因来路迢遥而改变，使命不因风雨而淡忘。"

壹

2018年8月，老师们几乎都放假了，我却没有了假期。援疆办的刘主任是从北京到兵团去任职的干部，他总能说出很多金句：“我们这个部门，出去是要跨正步的。”“大家不能总像陀螺似的原地旋转，要螺旋式上升才行。”他喜欢阅读，知识面很广，常在我搭车的时候问我一些法律问题，以至于我后来不敢搭他的车。

刘主任虽没有援疆干部的身份，实际上比援疆干部更像援疆干部。他也住在援疆楼，他说他每天听三首歌，早晨听《进行曲》，白天走路听《骁》，晚上听《那一天》。在我的眼里，他更适合做个学者。

刘主任安排我和综合处赵处长一起去托云牧场，参加团场综合改革的调研。出发之前，我做了功课，成立于1951年1月的兵团第三师托云牧场，是兵团唯一以柯尔克孜族为主的少数民族聚居团场，地处少数民族边境地区、边疆地区、贫困地区。

托云牧场地处昆仑山北端，天山南麓，西北与吉尔吉斯斯坦接壤，海拔在2 147米—4 391米。

出发前，就像大学室友问我连着云的港（连云港）该多么美，我也在想托着云的牧场到底有多美！

2018年8月29日，我们下了飞机后，按计划直接前往托云牧场二连。沿着天山南麓而行，满眼都是荒凉，但有杨树的地方就会有村庄，“见到杨树，就有人家，就有饭吃了”。

驱车1个多小时，终于到了“风头水尾”的边境牧场托云牧场二连。我第一次听到“风头水尾”这个词时，也不能理解，便去请教同事：“都说兵团不与民争利，在风头水尾处开垦荒地是什么意思？”同事告诉我，风头水尾处就是指条件极其艰苦的、荒无人烟的地方，风沙强劲，地处河流的末端，不通电，不通自来水。二连位于乌恰县铁列克乡奥尔托苏，平均海拔3 000多米，距场部85千

去往托云牧场的山路

米，有四季草场，赶羊的牧民们会随着季节变换而转场，不在定居点时，就睡在石房子里。

赶羊的牧民们随着季节变换而转场

晚上，我们掉头回托云牧场场部。托云牧场的场部的确让我惊艳，那是一个园林式的团场，依山傍水，一条干净的通向漫天晚霞的步行道，院子里开满了格桑花，还有极具特色的农家乐“静心谷”。边疆8月的早晚已经开始冷了，未带外套的我到团场领了一件迷彩服穿上。

第二天，我们去了号称“兵团西陲第一连”的三连，其平均海拔在3 000米以上，紧靠中国与吉尔吉斯斯坦通商的图尔尕特口岸，是祖国西部最边缘、日落最晚的地方之一。

我们见到了三连党支部书记，就像我在大学校园里看到的帅气男生，27岁，毕业于天津商务职业学院国际贸易管理专业。毕业后分到托云牧场，后来来到三连工作。

连部没有食堂，我们便交钱在老乡家吃了一顿拌面，喝了一碗

放了黄冰糖的药茶，然后启程去一连。沿着崎岖的山路，经过了送走中国最后一缕阳光的乌恰县城。

沿着河道，山路蜿蜒，从三连到一连，一路上蓝天白云，高山人家，燕麦随风摇摆，羊群不时堵在路中央。前几天已经下过雪，早晨地上已结薄冰，这个季节可以穿棉衣了。

1951年建立的一连，连部是一栋简陋的房子，到处都是灰尘，外面没有一丝绿色。从连队前的简易篮球场远眺，是一望无际的荒山，冬天自来水上冻，只能去河坝打水饮用。房间内没有卫生间，只在院子里搭了旱厕。

连队的工作人员没有交通工具，想要给车加油也很难，山下才有加油站，用桶加油又运不过来，工作人员便开着牧民私人的皮卡车下山，自己付钱给牧民。连队“两委”的唯一一位女性的家在四十一团，她之前在场部社区工作，现在在一连工作，回家路程远，很不方便，我难以想象她需要克服多大的困难才能在这里坚持

下去。

经过送走中国最后一缕阳光的地方，来到在云端、在山河一角的托云牧场，听起来多么浪漫。但是，如果你一路颠簸来到这里，还愿意留下来嫁给三连的大学生支部书记，还愿意留在一连，看每一天升起的太阳，那才是真正的浪漫。

叁

兵团最不缺的就是传奇。我就认识一位浪漫的女大学生，她不仅来到了托云牧场，还留了下来，在这里安了家，扎了根，成为托云牧场建场60多年来第一个留下的女大学生。

托云牧场的每一个夜晚，依然挺立你坚守的身影，温暖着寂静

的草原。你把忠诚蕴藏在心底，让脚步蹉跎成逝去的暮霭。你是浩渺夜空中最亮的星，凝望云端上的执着。

——李秋玲《牧场的夜》

2013年夏，响应“到西部去，到祖国最需要的地方”的号召，广东外语外贸大学毕业的邵书琴毅然选择到新疆成为一名“大学生志愿服务西部计划”的志愿者。

托云牧场的三面都是荒山戈壁，山上光秃秃的，一点儿草都没有，与广东的绿水青山完全不同。夜里，伸手不见五指，没有娱乐场所，也没有伙伴，转一圈也见不着几个人，安静得只能听见风的呼啸声和自己的呼吸声。

当年的牧场，只有一个铁皮搭建的简易小商店，连毛巾牙刷都买不到，新鲜蔬菜和瓜果要到6 000米外的口岸去买，还没有线路车。邵书琴就在路边搭便车，去口岸买易存放的洋葱、白菜、土豆、萝卜。到了冬天，她的双手和耳朵都冻得长满了冻疮。她学会

邵书琴

了做馒头、拉面、抓饭，她大口吃肉，大碗喝马奶酒，但在干燥得流鼻血的时候，还是会喝一碗广东靓汤。

她学会了柯尔克孜语中的日常用语，了解了柯尔克孜族的民风民俗。她爱上了云端牧场的草草木木，她以苦为乐，无论走到哪里都笑靥如花，她最亲密的朋友是学校里的小孩子们……

邵书琴爬山路、下牧区，入毡房、解民忧，走社区、化矛盾，送爱心、进课堂，先后荣获“全国最美志愿者”“中国青年五四奖章”称号。

2013年，邵书琴和甘肃籍大学生李晓楠相恋了，他们相约留在这里一起过日子，实现人生价值。因为路途遥远，他们都没有与对方父母见面，只是电话汇报，然后就领了结婚证，开始了他们在边疆的浪漫生活。

父亲生病手术，她都没能赶回去，想起母亲早逝后，父亲一人养育她的艰辛，她无比自责。

2018年寒冬，邵书琴突然有早产的迹象，他们夫妻俩在风雪交加中连夜驱车60千米赶到喀什就诊，好在母子平安。为了让儿子健康成长，热心的老乡给孩子取名为“玉米提”，寓意是“希望”。

如今的托云牧场已经是一个花园式牧场。邵书琴在这里，追寻诗与远方，收获爱情，播种希望，参与并见证着牧场的变化。

那么瘦小娇弱的身体里面，却拥有着胡杨的灵魂和力量，我想雪莲花的模样就是她在朔风中展颜一笑的模样。

壹

2019年6月9日，广东省党政代表团到喀什调研对口援疆工作，我们和第三师的领导、发展和改革委的同志陪同参加调研，再一次到了喀什。

中午，我们一行先到了喀什经济开发区兵团分区，这是一个国家级开发区。兵团分区管委会的邓主任接待了我们，向我们介绍了分区的发展情况。后来在北京召开的一个课题研讨会上，我再一次遇见了邓主任。

下午，我们参观了四十一团八连的苹果园、简史馆、粤兵中学和训练中心。广东省东莞市探索推进“镇团结对”模式成效卓著。自2017年起，东莞市丰富结对交流内容，形成了“六个一”，即每年开展一次党政领导互访，支持一个民生项目建设，推动一个投资项目签约，互派一批干部人才学习，举办一次民间交流活动，帮助一批困难群众脱贫，并在全国率先开展了“村连结对”，目前已有东莞市、佛山市、中山市共11个村（社区）与第三师10个连队建立结对帮扶关系，在招商引资、文教卫生、民族团结、基层党建等方面进行交流合作，有效提升了兵团第三师图木舒克市团场连队的经济社会发展水平。

东莞市石碣镇引导企业到四十四团投资办厂

广东省还聚焦把兵团第三师四十一团草湖镇打造成为“产城融合的示范区、兵团向南发展的模范区、促进兵地融合民族团结的样板区”的目标，选派广东省国资委、东莞、佛山、中山的19名干部赴兵团第三师，以“组团式”合作的方式，共建四十一团草湖镇，草湖镇的城镇面貌已经发生了巨大的变化。

一个是活力四射、改革开放前沿的国际制造业名城，一个是风情浓郁、历史厚重的丝绸之路重镇，广东东莞市和兵团第三师图木舒克市虽然相距几千里，但两地人民心手相连。

傍晚，我们和第三师的同志一起散步，这是一条流经喀什的大河，这是一条崭新的绿道，这是一座越来越美丽的南疆城市。

贰

在四十一团八连大片的苹果园的地头，有一位八连男职工，皮肤黝黑，一身迷彩服，在南疆，这样的装束是非常普遍的，看着也很亲切。他13岁就随父母来到新疆，他身后的苹果园去年给他带来了50万元的收入，他告诉我这片果园是从苹果苗（他用手指比画了一下）栽培到现在的，7年才开始收获，现在都已经有12年的树龄了。和他交谈的时候，我看到他脸上的苹果肌就和他身后果树上的苹果一样，红润、饱满、喜庆。

还有一位女同志，她是八连的指导员，7年前从高校毕业，作为“大学生志愿服务西部计划”的志愿者来到四十一团草湖镇。

她叫王艳阁，1989年出生，河南许昌人，毕业于河南农业大学，是一名共产党员。

王艳阁在苹果园前

她刚到草湖镇时，特别不适应这里的气候和时差，没过多久就有了鱼尾纹，照镜子时差点儿哭出来。因为时差，她有1个月的时间完全不知饥饱。晚上下班后，她又感觉特别孤单寂寞。

都说要以感情留人，王艳阁说在团场工作期间，当时的政委非常关心志愿者的工作和生活，让大家很感动，又因为自己学的是农学专业，在团场工作可以发挥专业优势，再加上喜欢兵团人来自五湖四海，性格直爽、热情，1年后便决定留在这里。2014年，她认识了四十一团加气站的设备员，两人结婚后育有一女。

2015年，团场作为试点单位进行改革，她回到连队，第二年被提拔为一连副指导员。2018年，兵团团场改革，她被选举为八连党支部书记、指导员。

在外打工的姐姐一家受她的影响，也在2019年来到草湖工业园区工作，现在已经迁户口到草湖，并在这里分了住房，定居在了草湖。

王艳阁在八连任职的第一年，也是她最困难的一年。当时她才29岁，是连队的主官，也是第一责任人，整个班子都很年轻，缺乏基层连队的工作经验，而且班子里又只有她一位女性。在自治区督导组的检查中，连队被检查出不少问题，当时的她面临着被免职的压力，她曾失望过、气馁过，也想过退缩和放弃。

她说，我不想让别人认为我是干不好、干不下去才走的，我必须把这份工作干好！所以，她凭着一股不服输的劲儿，坚持了下来。如今，她对这里已经有了很深的感情，这里有她熟悉的人，有她热爱的工作，她的身上已经盖上了兵团的印章。

兵团的工作任务多、压力大，王艳阁将大部分精力都投在了工作上，对家庭和孩子关注得很少，孩子从8个月起基本上都是奶奶帮助带的，现在已经6岁了，每想到此，她都满怀歉疚。

王艳阁在介绍连队工作时微微仰起了头，我从她依然年轻的脸庞上看到了一种这份经历唯我独有的自豪感。她说："我会留在这里，因为兵团已经是我的家乡。"

壹

有师自远方来，不胜惊喜。2017年11月15日，我正打算乘班车回宿舍，忽然在门口看到一个熟悉的身影，脑子里飞速旋转：这人是谁呢?

还没等我反应过来，“我来看你了。”哇，竟然是我的老师，南京大学历史系的万朝林老师，这真是惊喜中的惊喜。

晚上，我跟着他去见了兵团广播电视大学的领导和老师，这是必须去的，我接到的第一个新疆电话，我在新疆坐的第一辆公车，都来自兵团广播电视大学。

万老师先后在兵团广播电视大学和石河子大学挂职，援疆六年，可是立过功的，要向他学习。

这次见面之后，再听到万老师的消息是2018年了，听说他调到了塔里木大学任校长助理、历史与哲学学院（西域文化研究院）院长。

听到这个消息，我一点儿都不惊讶。

贰

万老师说：“援疆六年，是我人生非同寻常的一段经历。那是

2011年8月，我正带着学生在四川调研，突然接到学校党委组织部的电话，问我愿不愿意去新疆支援建设发展。”

万老师是研究边疆史和民族史的，专业对口，且符合边疆需要，于是在领导的推荐和家人的支持下，他正式成为中组部第七批援疆干部人才中的一员，奔赴新疆。

临行前，他的导师、南京大学历史系教授范金民说：“我支持你去，没有边疆的稳定和发展，就没有我们东部沿海的稳定和发展。”

这一去，就是整整六年。万老师先后荣获“优秀共产党员”称号一次，“优秀援疆干部人才”称号两次，三等功两次。面对满箱的证书和奖章，他总是笑笑说：“六年时间，我对家庭有亏欠，在个人学业上也有所荒废；但是我完成了国家和学校的任务，不辱使命。”

万老师来新疆时带了6箱书，他的办公室于是就成了当地教职工的俱乐部，同事和援友们都喜欢听他讲故事，讲维吾尔族的来源，讲新疆的历史……

2011年，他帮兵团广播电视大学争取了2个兵团社科基金项目，在他的带领下，学校的科研氛围越来越浓厚。万老师着力培养教师们的科研兴趣，选一些与当地文化相关的研究课题，指导教师们做研究的方法。

2013年，万老师被调到石河子大学任政法学院副院长，主持筹建“兵团屯垦戍边研究中心”。2014年，他为该研究中心争取了4个国家社科基金项目、3个兵团社科基金项目、1个国家社科基金重大招标项目，使中心研究员人手1个国家社科基金项目。

援疆期间，他筹建了“中亚文明与西向开放协同创新中心”，并先后筹划、主持了“中亚文明与西向开放协同创新中心”和“兵团屯垦戍边研究中心”成立大会暨首届学术论坛。

2014年11月，国家社科基金重大招标项目“清代新疆满文档案研究”落户“兵团屯垦戍边研究中心”。万老师知道目前国内懂满文的专家只有不到20人，需要对少数民族语言文字进行保护，更需要培养一批土生土长的满文研究人员。

万老师的努力取得了成效：受援学校的科研氛围逐渐被带动起来，一批科研基地开始创建，学科建设开始起步。

为了当地各项工作的顺利发展，万老师主动申请延长援疆，成为第八批援疆干部中的一员。

叁

2017年1月，万老师被兵团党委组织部调回兵团广播电视大学任副校长。

援疆期间，万老师平均每天工作10多个小时，长期疲劳的他突然病倒了。那是在为申请项目的准备工作连续熬夜了1个星期之后，他突然感到自己的头颅内部涌出一股热流，脑袋晕乎乎的，脚像踩在了棉花上，软绵绵的，后来眼前一黑，就晕了过去。当时的情况非常危险，如果不是恰好有同事在身边，后果简直不堪设想。

再次醒来时，他已经躺在医院的重症监护室里了。万老师见到从南京连夜赶来的妻子时，第一句话是：“我差点连后事都没来得及跟你交代。”

被带回南京养病的万老师终于能睡安稳了，但是他一直关注着新疆的工作。休养不到2个月，身体稍有好转，万老师又坚持回到了新疆，回到了兵团。

六年援疆，他对新疆的地理和历史数据了然于心，对新疆的自然之美如数家珍，对新疆人民的热情豪爽铭记于心。他说：“以前做研究是根据自己的兴趣，现在在新疆做研究是为了国家的利益。只有身处新疆，对国家援疆战略才会有更深的体会。”

是对边疆的热爱，是对兵团的眷恋，是对事业的执着，万老师毅然放弃了南京大学的工作和生活条件，选择奔赴边疆，选择在戈壁中的大学——塔里木大学扎根，就像大漠戈壁中的胡杨。

沙漠公路边的胡杨

壹

2020年10月29日，我刚进家门，就接到了一个视频电话，是工信部的援友远刚打来的。视频里是他和他的老母亲，他说咱妈想念援友了。

这是一位带着老母亲援疆的援友，第八批延期至第九批，六年援疆。他的老母亲放心不下儿子，就陪着他来了新疆。阿姨腿不好，出门要扶着走路的架子，新疆的冬天又长，援友的工作又忙，所以大多数时间阿姨都是窝在房子里的。

阿姨是山东人，喜欢吃饺子，于是便经常包饺子，还会喊我们这些援友一起去家里吃。阿姨一口的山东话，那是母亲的乡音。援友一出差，便会将老母亲托付给我们这些援友，嘱咐我们偶尔去看一下。

那是2018年6月20日，一个忙碌的傍晚，我刚加班完毕，正想休息一会儿，却发现手机上有一个北京号码的未接电话，我以为是援友打来喊我去吃晚饭的，但这会儿累得不想出去，便想等过了饭点再回电话。

打了回去，没有拨通，过了一会儿，电话再打过来，一听竟然是阿姨打来的，原来援友出差了，她在卡子湾，让我去她家吃晚饭。

我的眼睛瞬间就湿润了，在边疆有人惦记是一件多么幸福的事情啊！

贰

2020年大年初二，对于援疆干部来说，每年的春节是唯一与全家人团聚的时光。但是，就在今天，在北京休假的远刚接到了返岗的命令，要求他参加防疫指挥组的工作。远刚未加思索，立即购买了最近时间的一个返疆航班。

他对家人说："国家有难了，我必须上！将来你们会理解我的。"他告别80岁的老母亲，告别辛苦顾家的夫人，告别刚回国的女儿，于次日凌晨登上了返回乌鲁木齐的航班。

援友张远刚和他的老母亲

按照规定，返疆后要在宿舍隔离14天，他便通过电话、网络、视频等方式指导兵团工信局疫情防护物资保障组工作，并协调工信部支持兵团引进最急需的负压救护车3辆。

2月9日，大部分干部和援友都还在居家隔离中，可他已经结束隔离，奔赴西山，参加了防疫指挥组的工作。

每天都是连轴转，督促防护消杀产品生产企业开足马力生产，每天上报数据、掌握进度。企业工人不足，就协调天润乳业公司选派技术工人支援生产，并连夜通过朋友协调落实熔喷布、鼻梁条等短缺物资；隔离衣生产能力不足，就协调新疆芳婷针纺织有限公司、如意纺织服装有限公司代工。

由于乌鲁木齐的小区当时都是封闭管理，生产隔离衣急需的物资无法提货，时间还特别紧张，远刚便连夜进行多方协调，终于保障了企业的正常生产。

随着疫情形势好转，他又将工作重点转移到协调复工上，指导企业恢复生产。在他的记忆里，防疫指挥组的工作紧张而单调，而且封闭办公，不分昼夜，更没有休息日。

就这样，几个月下来，一个能跑马拉松的汉子病倒了。因为疫情，他无法回北京治疗，就在新疆做了手术。

他说："三年援疆路，一生兵团情，但我是三年又三年，兵团情更深！"

壹

2017年9月，我们去兵团国资公司调研，座谈时，有位领导听说我是高校来的援疆干部，便提及一位从华北电力大学来援疆的李燕青教授。李老师2011年就来援疆了，是第七批援疆干部，已经援疆七年了。

2018年时，听援友说李燕青教授已经留在兵团任职了。他就像一个传奇，从一个华北电力大学的学者，到扎根边疆的兵团汉子，这是一种怎样的脱胎换骨？

2019年，我调整到兵团发展和改革委工作，终于见到了李燕青教授。经过边疆风沙的多年侵蚀，李燕青教授已经很像一个西北汉子了。他个头不高，略显沧桑，只有说话的时候，才让你感受到他身上的那份书卷气。

他说，援疆是义不容辞的责任，留疆是遵从内心的热爱。从援疆干部到兵团干部，转变的是身份，不变的是初心，是充分施展理想抱负和让人生不留遗憾的初心，是在兵团这块热土上挥洒青春和汗水的初心，是为新时代兵团发展奉献力量和智慧的初心。

他当时是兵团能源局和电改办的负责人，能源和电力是国民经济发展中最重要的基础产业，他深感责任重大。2021年2月，兵团电力集团有限责任公司正式挂牌成立，李燕青走马上任，担任公司的党委书记、董事长。

“为什么我的眼里常含泪水？因为我对这片土地爱得深沉。”他说，在兵团工作得越久，他对这句话的感触和理解就越深。放弃了高校优越的工作和生活条件，带着对父母和妻女的亏欠，不远万里来到新疆，毅然选择成为一名兵团人，正是基于这样一份深沉的爱吧！正所谓奋斗铸就无悔人生。

贰

2021年1月的一天，我在微信里与兵团发展和改革委的同事聊天，得知一位从北京去挂职的专家选择留在兵团发展和改革委任职了。

时间倒回到2017年、2018年，我可能无法理解这样的选择，但是现在，我一点儿都不惊讶。发生在身边的援疆故事太多，看到的援疆人太多，已经不记得发生过多少次感动，有过多少次钦佩。

我原想撷取几根胡杨枝，世界却给了我整片胡杨林。有多少援疆人，就有多少奋斗者的模样。

在兵团，每一个团场，每一座城镇，每一片绿洲，都有一个个援疆人的身影，都流淌着一群人的故事，都传递着对这一片土地的热爱，都传承着影响生命航程的兵团精神。

远去千里　深情仍近

素履所往　一苇以航

乐乐：

这篇日志在脑子里很久了，却一直没有下笔，时间不够，心境未至。又因为习惯在夜里写字，可边疆的夜是那么短，下班后一转眼就到了午夜，熬不得夜了。但是不能再拖了，便决定熬个夜，完成这篇日志，也是写给你的信。

落笔的时候，想起了多年前读过的一句话："凡心所向，素履所往；生如逆旅，一苇以航。"心向往的地方，穿着草鞋也要前往；生命如逆行之旅，驾一叶扁舟也要起航。

前些日子，和几位援友及当地的几个朋友爬至一座山顶，山不高，爬上去似乎也不费劲，待到下山时，远远向出发的山脚望去，发现车子和留在山下的人都变得很远很小。

我感慨地对援友说："这多像我们的三年援疆路！三年一直埋头爬山，选择合适的山路，甚至要在无路处下脚，羊道上有带刺的灌木，有打滑的山石，有绽放的格桑花，有好看的不知名的果实，有野菜、中药材，有疲累时的短暂歇息，有登临山顶时看远方城市的酣畅淋漓，有山风吹拂云朵飘过的心旷神怡。待登临山巅，回望来路，就像站在山顶的此时此刻，才发现我们已经走了很远，已经走进了一座山，感受着一座山。"

很多年前，我曾想：如果有机会离开一个环境足够久，一定要华丽地回到出发的地方。足够久是多久？心里觉得一年也够久的。出发时并未意识到三年是多久，快要返回时才意识到三年真是足够久了。这三年度过了人生的很多节点，应对的不仅是心理的挑战，还有身体的挑战。遗憾的是，我没有华丽地回来，反而更接近泥土。

2017年的冬天，我去了“西北之北”的边境一八五团，见到了“一生只做一件事，我为祖国当卫士”的马军武，爬上了哨塔，感受了国之界，今年我有幸再一次旧地重访，引起的心灵震撼更强。我想，那是因为经过三年，我走进了并了解了兵团，更深刻地理解了一群人，马军武其实只是他们的一个代表。听一八五团的退休女职工讲一代兵团人也就是他们父母的故事，我的心里有了共鸣。

今年的开斋节，我应老领导之邀，去了位于第八师一二一团七连的军燕酒庄，酒庄位于古尔班通古特沙漠南缘。入住时已是夜里，只看到了灿烂星空，早晨醒来走出住处，眼前是绿树、蓝天、白云、小亭，驾车出去不远竟然就是沙漠，只有梭梭草，一不小心车胎就陷进了沙堆里。你无法想象，那片茂密的树林，还有一个用井水灌出的人工湖，竟然是夫妻俩从2008年开始植树，用了12年才造就的绿洲，还成了4A级景区。还有第十师北屯市的得仁山公园，竟然是兵团人用了几十年在荒山上换土植树而来的。在这里，你才能体会到什么是“敢叫荒山换新颜”。

妈妈陪同调研去了很多个最基层的兵团团场和连队，见过最艰苦的是托云牧场的高海拔边境连队，妈妈见过举着红旗、沿着边境线走路往返的巡边员，妈妈见过机关干部下到最基层连队工作的艰苦……“奉献”和“牺牲”这两个词会在心里自然升起，你会觉得这两个词和这些人、这些事天生般配。

在每天去机关的河滩路上，远远可以看见很多株叶子是浅黄色的、毛茸茸的树种，一直到北屯，近距离见到了这种树，才知道那是沙枣树，恰逢花开，香气浓郁。据说沙枣树开花时，也是那个地方小咬肆虐的季节。沙枣树适应干旱地区，开出的花是黄色的、一簇簇的，沙枣可以治疗腹泻。打动我的是，我听到了属于兵团的歌《送你一束沙枣花》，我还在和田昆玉中学看到了合唱《兵团的心》，以及我们第九批援疆干部男声小合唱《兵团进行曲》。

前几天和援友聚会，每个人都要端杯酒说句话，当时一位带着70多岁老母亲援疆六年的叔叔，在这次疫情期间，大年初二就返疆投入了防控工作，几个月没有休息，此时刚做完手术不久，他祝大家健康。轮到我时，我说："今天很开心和援友、新朋友在一起。我们都是有情怀的人，都是有情人，这个情就是援疆情，对援友的感情，对新疆干部的感情，对新疆的感情，就像健康一样，失去时才知健康之珍贵，快到离别时，才深深觉得舍不得，似乎还有许多事未完成，还有很多心愿未了，才觉得已经来不及，感谢此时此刻和你们在一起。"

我的玉苏甫哥哥，你该叫舅舅，还有我的两个侄子、一个侄女，你的兄妹，本来以为今年6月有机会带你去他们家小住，以我对你心性的了解，你会喜欢他们的，并能适应那个环境。因为疫情，这个愿望只能以后创造机会实现了。天亮以后，妈妈和援友就要出发，去东风农场看望他们，这是援疆期间的最后一次了，也是去做一次小别，但妈妈相信，我和他们会再次相见的。第一次去时，妈妈带了一本诗集送给侄女，你的月日姑妹妹，那一次妈妈知道了苜蓿，这次妈妈又带了一套《诗经》送给她。

已经快凌晨了。搁笔前，妈妈想让你时常监督我，让我挤出时间记录以下内容。记录这些年去过的团场，见过的兵团人，听到的兵团故事。收集《送你一束沙枣花》这类属于兵团的歌。

整理我和玉苏甫哥哥的《结亲记》。记录以“援友三人行”为代表的援友情。整理这些年吃过的新疆美食和援友亲自下厨的大餐之《朵颐记》。整理这些年周末和假期走过的“后花园”，展示给你一个美不胜收的大美新疆和旅途故事。整理《我的四季大院》，就像我曾经记录的我的南大校园，那个小树林的四季，那些标号的鸟巢，那些四季开的花。整理这些年在朋友圈随手记录的心得和感动，有文字、有美图，你帮这个专辑起个名字吧！

回宁后，妈妈想以倒计时的方式，重新启用我的微博，有选择地发布那些平日的所想所记。

我觉得完成这些好困难，但是你说过，“不试一试怎么知道自己行不行呢”，所以我决定试一试，就从今夜的这篇开始。

对了，人生有很多意想不到的事情，就像这次席卷全球的新冠疫情，要求我们居家待命2个月，而你也需要居家办公，春节前回家时无论如何都没有预料到。所以，要让自己健康，要让自己强大，要让自己乐观，还有，要有自己的理想和目标，有阻碍，就暂停或绕过去，这样我们遇到猝不及防的事情（灾难）时就能保持定力，保持信心。

好了，早安，天亮就出发了。

妈妈

2020年5月29日于乌鲁木齐

壹

2020年7月13日，今天是远刚和徐斌两位援疆六年的援友一起过生日，我订了两束满天星，花语是：满天星辰，因你而灿烂。我写的祝福语是：满天星辰，都不如你们灿烂！

值得记录的还有另一位援友的祝福语：援疆三年，你们陪我一程，我念你们一生；往后余生，我们一定会再见，但无论见与不见，你们都在我心里；感动援疆，祝福援友。

若事有始有终，过程完整，无论结果怎样，都算是圆满。若结果让人满意或欣慰，算是完满；若是契合了心愿，应该算是完美。工作如是，助人如是。

2020年2月，我在南京，遥远地观望这座城。2020年7月，我在乌鲁木齐，身在其中感受这座城。整座城市因为疫情再一次陷入沉寂。每个单位都有一部分干部坚守机关，一些援友也去了办公室，日夜坚守。

贰

2020年9月4日，今天是第九批教育部援友进疆三年整。我保存了2017年8月24日自治区党委教育工委的短信，当时是为了检查备用，能证明我援疆身份的只有这个短信，配套证明的是随身带着的南京大学的工作证。

这也是自2020年7月17日开始，这座城市按下暂停键以后的第五十天。之前卡子湾的援友们常和我开玩笑说："石老师，我们7月下旬就走了，你得待到9月。"我当时只是笑。

人生有很多意外，虽然这个意外从来没出现在我的日程表里，可大家却陪我一起待到了9月。

叁

每一代人都有每一代人的长征路，每一代人都要走好自己的长征路。我清晰地记得父亲走过的长征路，致敬他获得的所有荣誉，牢记他常常说的："可以更好地为人民服务。"

我一直希望能记功一次，就可以追父亲一小截，没想到超预期完成了心愿，记了一次二等功。我能得到这个荣誉，是因为我付出了、努力了、奉献了；得不到我不抱怨，因为太多援疆干部都很优秀。唯有珍惜荣誉，鞭策自己。

今天兵团召开第九批中央和国家机关、中央企业援疆工作总结表彰大会，兵团发展和改革委员会的孙主任作为受援单位领导发了言，他特别提到了我所做的工作。我知道孙主任的良苦用心，其实需要说声"谢谢"的是我，没有孙主任的鞭策，我就没有这样一个舞台，也不会取得这样的成绩。

1个月前，我问何时返程。有人说，边疆的夏天这么舒服，在这儿再过完一个夏天就可以回去了。当时，我不信。

人间尚热闹，山河已立秋。

在我们居住的援疆楼可以拍摄到博格达峰，四季均被白雪覆盖，还会随着日光变换颜色，天气不好时就被云彩覆盖，视线好的时候就如在眼前。

这是一座能看见雪山的城市，整个夏季和初秋都是它最美好的季节，不仅有飘香的瓜果，还有美丽的风景，更有特别美好的夏天，根本感觉不到炎热，甚至可以不开电风扇。

本以为2020年的这个节气会是在南京或者海边小城度过，没想到依然留在这座离海最远的城市，实实在在地过完了2020年的整个夏天。

2017年的立秋。每个深夜，每个刚刚醒来的清晨，都会对自己为何在遥远的边疆感到好奇：我为何而来？从哪里来？会回到哪里去？我好想回到那个种满多肉和兰花并常常下雨的地方。

也许若干年后，我会怀念这里，就像我时常想念读书四年的重庆。记录是为了将时光定格，将我经历过的每一刻光阴、每一处美好 、每一次感动做成标本，夹在岁月的书页里。若干年后再回眸，这是一座我会想念的城市吗？

2018年的立秋。每个连队都在两栋楼房的中间造了个馕坑，巴吉姑嫂子一早起来，就用牛奶和鸡蛋和面、发面，然后揉成饼状，用器具在上面压出花型。馕坑用柴火烧得滚热，巴吉姑嫂子在坑壁上撒上盐水，之后将馕饼贴在坑壁上，馕开始变得金黄，香味扑鼻，我们几个人分吃了第一个出坑的馕饼，真是很好吃。

第三师东风农场

我就这样，一直看云，从正午至日落；云就这样，变幻莫测，每一帧都很美，忽然想起已经立秋了。天变得很高，云就这样，变幻莫测，盛装出场，每一场都会惊艳这个秋日。

2019年的立秋。最近心里很多感慨，却没有适宜的环境坐下写出来，关于援疆，关于生活，关于情感。想起藏书家韦力写过一段文字，他说自己平时不喝茶、不抽烟、不喝酒，不过遇到应酬，一样可以放开酒量，只是有些事情“需要收放自如的心情，要在控制之内。清洁，精简，静心，控制之”。

2020年的立秋。2020年是特别的一年，从冬天到春天再到夏天，疫情却没有起于冬，流于春，止于夏，立秋时节，我们还似在春天。那天画了一幅画，一半黑白线条，一半色彩斑斓，今日把纸翻过来，却发现背面有彩色花瓣，而且层次分明，已自成一幅

立秋图

画，用作立秋图。这是惊喜。

援疆的第三个秋天，我还在遥远的边疆，以居家的形式作结语，感慨万千，看着因疫情而起的纷纷扰扰，更是诸多感慨和自省，何谓成长，何谓初心，何谓坚守，本不是问题，却为何成了困扰。一个成熟的人，应该更善于批评和建设，而不是满足于自以为进步的沾沾自喜，此时多了些许惭愧。

返程在即，这三年走得很远，以为有些人、有些事会一直在身后，猛然回头，却发现身后辽阔，空无一人。回转身来却发现，其实，能知己者也在前行，在不同的路上，与自己并肩，或已经走在前方。

2020年8月7日，最值得记录的一句祝福语，是未曾共同经历却懂我的南京大学的同事黄老师说的，“万里奔赴大新疆，三年奉献，辛苦和快乐，佩服和致敬”。

一个溜走的夏天尽头的聒噪

“四时俱可喜，最好新秋时。”今天是处暑，夏天真的就这样过去了。

今天是乌鲁木齐按下暂停键的第三十七天，每天拍窗外的天空，看云卷云舒，看日出日落，这似乎成了我的必修课，也成了一个心灵寄托。然后花一点儿时间编辑、配乐，录下自己写下的几句话，有事情干，且是喜欢的事情，还能留住美好的事情，总比每天吃吃喝喝、无所事事好一些吧！

不平凡的岁月总让人记忆深刻。也总在一些特殊的日子里，看得更清楚，了解得更深刻，对自我的拷问也更多。

今夜，想到哪儿写到哪儿，所以把陆游的诗句作为题记，一是因为应景，他写的是这个季节；二是因为诗名为《闲适》。

我真愿我是闲适的，这境界要慢慢修得。7月5号，我写道：“尚不知归期，那就做个无固定归期的小计划吧！其中一条是：适当活动，主次，轻重。”这里的活动指的是聚会，一是怕离别情绪被渲染，二是怕喝酒。

关于喝酒，最近比较喜欢的一句话是李白《侠客行》里的“三杯吐然诺，五岳倒为轻”。

突然被隔离在宿舍，也不存在适当活动了，一下子让离别多了太多清醒，少了酣畅的哲学境界，“酒酣胸胆尚开张！鬓微霜，又何妨”！

每个人记录生活的方式都不一样，我喜欢随手拍，随手记，大多是适合发布在微信朋友圈里的几十字文，偶尔写像今晚这样的长文。

我曾经写过一篇《我为什么写日志》，并在文中引用了李银河的话：“所以就以自娱的态度写吧！即使写不好，自己还是度过了一段快乐的时光。”

今天又见一句郑板桥的话：“有些好处，大家看看；如无好处，糊窗糊壁、覆瓿覆盎而已。”

这几年写了不少公文，有收获，也有反思。在高校写学术论文也存在着同样的问题，文风也是一种作风。

今天取来订购已久的《念楼学短》，打动自己之处，愿意分享之。

近百岁的杨绛先生为书作序，短序，手写，一页半。

她写到钱锺书曾主动为钟叔河先生的一本书写序文。“那时的钱锺书才75岁，精力充沛。”75岁，精力充沛！专注一事，便未有老时吧！看过一句话，一个人老了不是因为年龄，而是因为他厌倦了生活。

她这么为这本书做推荐：“选题好，翻译的白话好，注释好，批语好，读了能增广学识，读来又趣味无穷。多言无益，我这几句话，句句有千钧之重呢！”

是啊，文字是用来交流的，言情说物，说明白了，看清楚了，就行了。

豆浆油条可以写成诗歌，船工号子可以谱成曲子，不必那么讲究布局谋篇。所以，随手几十字，能写就写，愿写就写吧！能写几十字的，不要写百字；能写百字的，不要写千文。

我曾经祝福自己，无论河流如何冲刷，无论怎样随波逐流，至少还要保持一颗珍珠的模样，即使不再光滑，不再有光泽。

其实很难。有时候难免会生气，连自己都会怀疑，到底是哪里出了问题？

什么是生气？我查了一下：一是指活力，生命力，生机；二是指发怒，因不合心意而不愉快。

原来，生气是一种情绪，很多时候这种情绪源于一种情形，那情形一般是“不可理喻”的，当然，除非生气的人自己“不可理喻”。

原来，它也代表了活力。会生气的人，至少还有救赎的能力，就像被打趴下的钢铁侠能够自我修复，活力重生。

我说了，这篇日志是闲适状态的文字，想到哪儿就写到哪儿。前些日子，援疆干部自管会给大家组织了一场QQ视频心理健康讲座。讲座中的一位专家说，要有“土”气，土气能预防抑郁症，大家最近很久没踩在土地上了。

这世间，人间万象，气象万千，有几人随意就能掌控之？孤独、失望、沮丧，甚至绝望，皆有之。人生不如意十之九八，随着年龄增长、阅历增多，会觉得这句话说得真好；但是人生越往后，反倒会觉得人生如意事十之九八，因为知道了得失的道理，失去的不遗憾，也就无所谓痛苦，只有得之喜悦了。

我们在困苦时，常常向他人倾诉。其实，我们求助的并不是办法，更不是决定，因为我们内心早就有了答案，我们只是希望将自己的心放一放，哪怕一小会儿。

人生漫长，这种能倾诉的人其实很少。这人得懂得倾听，得懂得静默，得和自己一起往前走。

人生虽漫长，但也不过是很多个三年的组合。这三年，不平凡，让自己看到了世界，看到了人心，看到了自己。边疆的最后一个夏天就这样过去了，以这样的方式过去了。

祝愿每个人都有心情袖手窗前，看云卷云舒，都能见想见的人，做想做的事，就像陆游诗里描述的场景："饮酒不至狂，对客不至疲，读书以自娱，不强所不知。一窗袖手坐，往往昼漏移，初非能养生，简事颇似之。四时俱可喜，最好新秋时，柴门傍野水，邻叟闲相期。"

每天上午起来，第一件事是拉开卧室的窗帘，然后走到客厅拉开窗帘。那里有一个飘窗，摆放了三角梅、落地生根、绿藤和无数从边疆各地捡回来的小玩意，每次都会在那儿驻足一会儿。

卡子湾宿舍的飘窗

往窗外望去，是另一栋楼，我的房间在整栋楼的最西边，所以可以远远地望见红光山，一尊面朝东方的大佛矗立在那儿，还有更远处的一座山峰，前不久才知道叫“妖魔山”。

我将一块折叠好的枕巾放在飘窗的台子上，因为我偶尔会跪在上面，打开那扇开着窗户的纱窗，望望院子里的景色。

这些日子，趴在那儿往外看的次数多了起来，有时候是想看看院子里的动静，更多的时候是想探出身去看看西边的太阳是不是正在落山，是不是有美丽的晚霞。

接下来，去厨房烧上一壶水，把书房的电脑打开，从冷冻箱里拿出要做的食材，水开了，冲粥，泡一杯茶，然后去洗漱，洗漱完毕，粥刚好可以吃。有时候会打开迷你音响，播放音乐听。

偶尔会有一些新发现。一天，我正用一个音乐类播放器播放着一首歌曲，又恰好在微信里录了一个小视频发给朋友，后来惊喜地发现，这段视频里竟然有这段音乐。我又尝试了一次，依然有。

整个上午（我的上午是从起床到下午4点左右），我一会儿上床趴着看会儿书，因为那对腰有好处；一会儿在房子里各处转悠；一会儿打开电视看看电影……要处理的事情并不多，因为没有效率，没有效率是因为没有压力。

到点了，不论饿与不饿，都会自己做饭吃，这是一天的第二顿，也是最后一顿，对一个人而言，即使两个菜也略显丰盛。这些日子里，我学会了做回锅肉，学会了做豆腐卷，学会了做鸡胸肉圆子……这段时光很快乐，这快乐有一种来自人间烟火的美，美来自自然，还来自生活，更来自心灵，这一段时光充斥了美，食材的搭配，调料的集合，烟火的味道，火候的把握，教学的交流，美食上桌后的好评。

我一边享用自己做的午餐，一边看纪录片：《日出之食》《闪亮的名字》《我在故宫修文物》……吃饱后，有时候会小憩一会儿。

傍晚起来，看看晚霞，看看窗外的万家灯火，坐一会儿，偶尔会写点儿文字，偶尔会画一幅画，偶尔会看一部好看的电影，然后就是深夜了，虽然边疆要晚2个小时，但是24点对我而言已经很迟了。

这些日子，因为有大把的时间需要打发，学会了延时摄影，拍天空，拍日出，拍晚霞，拍雪山，偶尔拍自己做菜；学会了用软件制作视频，学会了剪辑、配乐、配音，都是乐趣，这些看似无用的乐趣，也许正是心灵得以攀附之所。

从第一天起，开始记录，配各种图片和视频，配各种心情。夜幕再一次降临，即使在夜里，在最容易与内心的那个自己连线的时刻，亦感觉是孤独的。这是一个属于擅长在孤独中成长的人的时代，因为会有越来越多这样的时光需要你独处，还必须坚强，还必须勇敢，还必须时时刻刻正能量。

这世间，果真只有一轮明月吗？果真只是看月的角度不同吗？果真是一轮明月下，天涯共此时吗？

似大河波涛起，终至泪水模糊了双眼。

壹

让时光倒流，回到昨天。鲜花依然，人之将别。跟援友说了声“明天见”。时光很奢侈，有时再无明天见。

2020年9月14日的早晨，我还在乌鲁木齐。晚上，已经在几千里以外的南京了。

家里的鹅掌楸竟然长得这么高了，开始不过是一片叶子插起来的；南京的奶茶和新疆的干果竟如此搭调；放在蟠桃纸盒里，从乌鲁木齐卡子湾带回来的多肉植物被亲友狠狠笑话了一通；亲如家人的一群人就像援疆第一年春节时欢迎了我……

在这座我无法离开的城市的夜里，我开始想念那座离大海最远的城市，在阴沉的天气里想念那里的蓝天白云，想念那个有蜀葵盛开的东风农场，想念那里的气象万千，想念已经如星星般散在祖国各地的援友们。

贰

两天的时间，我将行李全部收拾停当，完成转换。很想念那遥远的地方，怀念那段岁月、那些人和那些事。相比几十年，三年虽短，却如此深刻。想起电影《老师·好》里的一段台词："人生就是一次次幸福的相聚，夹杂着一次次伤感的别离，我不是在最好的时光中遇见了你们，而是遇见了你们，才给了我这段最好的时光。"

我想起了2020年9月12日，在兵团机关的大院里，早晨的阳光照耀着小树林，几位援友走在我的前面，那是大家最后一次在这个院子里散步。

回来几天，南京一直阴雨，没见过太阳，就像告别一段岁月的心境。好想念新疆的天高气爽，想念卡子湾，想念兵团机关大院，想念援友。

瞬间，眼睛就像开启了水龙头，泪流满面。这不舍有几人懂？懂时早已经天各一方。正如女儿说的："不到结束的那一刻，都不知道它真实发生过！"

"近乡情更怯。"此时，亦是离乡情愈浓，再遇时分，流光可溯。

叁

2020年10月1日，兵团发展和改革委的戴处长打电话对我说："三年都没在家过中秋了，提前祝你节日快乐！"2017年，休假被叫停，赶回乌鲁木齐，中秋节那天和援友一起吃火锅，第二天下沉南疆。2018年，从成都出差回乌鲁木齐，别人是赶着回家过节，而我是赶回去享受孤独，一个人过的节。2019年，和兵团发展和改革委的一帮年轻人共庆佳节。

2020年，回家，和家人一起过节。听说兵团的一位同事昨天启程去了兵团第三师伽师总场开展“结亲周”活动，在边疆时，每逢佳节就要去看望亲戚。虽然我们离开了，但是这项事业还在继续。

窗外天空，掠过的候鸟，又让我想起你，这一刻的情景，此刻你的，每一个街道，在阳光照耀下，你的天空，我在远方，很多的岁月，总是会想起你，给予我的一切，你给我的，每一个梦想，在漂泊的岁月，让我坚强。

——许巍《家》

肆

英宝处长是第一个来南京的兵团同事，本来安排去溧水看他，后来改变行程，约在夫子庙见面。他问我想要啥特产，我说红枣，然后我便收到了一大堆新疆特产。告别时，眼睛竟有点儿湿润了，战友情谊似家人。期待再见，期待在南京见到越来越多的援疆战友。

2020年11月2日，下午学校召开了干部教育培训方面的座谈会。一位教授说，干部一定要去西部，只有去了新疆，才知道祖国有多大，才知道国家治理有多难……这位教授曾经去过伊犁师范学院支教，他表示回来之后，感受到了自己的成长。

三年援疆是一个特殊的三年制的培训班，是一个实践的培训课堂，这是援疆给予我的礼物，岁月总是会厚爱每一个愿意汲取光的人。

2020年11月3日，我收到了一个来自遥远的新疆生产建设兵团的礼物，一本《援疆情怀》。这本书收录了我们这一批援疆干部的援疆感悟，我是编委，其实就是帮助搜集援友的文章和照片。

如今，我正在将援疆所获用于新岗位、新任务，为学校的发展贡献自己的力量，言行一致，有诺必行。

伍

东风农场的侄子努尔艾力问我："姑，什么时候来我家？"我说一定会再去的。夜里，想起了东风农场，想起了玉苏甫哥哥。

侄子努尔艾力

2020年11月18日，乌鲁木齐下了第一场雪，比去年晚了1个月。而我已在千里之外的江南，气温相差32度。

援友对我说，虽已离开2个月，但还是会时常想起新疆。

我用一个花瓶带回了在新疆捡的天山“木翅膀”、松果、“西北之北”的石头，还有卡子湾宿舍开过的花瓣。

前天带回一个好看的饮料瓶，决定用来搜集南京家里的花瓣。很多时候，我们总是对总要离开的和再也回不去的地方特别留心，总想在短暂的时光里尽可能地留住它们，而忽视近在身边以为再也不会离开，即使离开也终究要回来的地方。就像三年在边疆的生活，点点滴滴都记得很清楚，而在南京生活时，反而会忽略很多事情，因为总觉得来日方长。

我们走过了属于第九批援疆人的长征路。“三年援疆路，一生兵团人。”这不是一句口号，是一种情怀，是一种精神。

2020年6月25日，新疆生产建设兵团王君正政委出席第九批中央单位援疆干部座谈会，我作为代表之一发了言，我的主题是“用初心和专业为兵团献上援疆力量”；2020年9月12日，兵团召开第九批中央和国家机关、中央企业援疆工作总结表彰大会，我是五十九位获表彰人员之一，被评为“优秀援疆干部”，记二等功。

这是我三年援疆的高光时刻，我为自己是南大人而感到骄傲，南京大学是我的底气所在；我为自己是兵团人而感到骄傲，兵团精神激励着一代代兵团人创造人间奇迹；我为自己而感到骄傲，人生不设限，我选择了，坚持了，成长了。

还记得老父亲说他获得过3个三等功，我问他为啥获得的，他一仰头，自豪地说：“表现好啊！”如果有人问我：“你为啥获得二等功啊？”我也会一仰头，骄傲地说：“表现好啊！”但是，我深知援友们都在援疆路上奋勇向前，援疆路只有起点，没有终点，大家都在各自的岗位上作出了援疆成就，相比大家，我做得还不够。

三年在时间的长河里就是一朵小浪花，可对于每个人的人生来说，却不是一小段岁月。尤其是远离亲朋好友，又恰逢峥嵘岁月，条件艰苦，任务艰巨，责任重大。只有身处其中，经历过，才能感同身受。其中艰辛和付出，历史会记住，我们会记住。正因此，我为这个荣誉感到骄傲，为援友们感到骄傲。

我一直认为，能够拥有一个舞台是人生之幸事，给予你舞台的人一定是你生命中的贵人。南京大学选派我援疆，延伸了我生命的半径，让我走出象牙塔，来到广袤的原野，这两个世界的结合让我走得更远，让我的世界变得更大，让我的生命变得更丰富。

初来时，被调整岗位，从高校到机关，这个舞台让我开阔了视野，增长了见识，提升了能力。最后一年半的时间，得益于领导的信任和支持，更是让我有了一个能够发挥自己法学专业优势的舞台，让我有了在援疆工作中可圈可点的成绩。

来自我的导师林老师的肯定，来自家人的赞扬，来自学生们的夸奖，都让我感动，感动于“无论你走得多远，我们的目光始终跟随着你”的温暖。

一直很忙碌，没有时间体验别离。2020年9月9日，兵团发展和改革委员会举行了援疆干部座谈会，极具仪式感的告别活动，拉开了别离的序幕，但是我没流泪。

2020年9月12日晚上，单位欢送我们5个援疆干部，孙主任泪流满面，朗诵了王政委的《七律·送援疆干部凯旋》，那一刻让人动容，但是我没流泪。

我始终以为，我们很快会再相见。

“石老师，留下来吧，我们舍不得你走。”“别了，金陵古丽。”

侄子发来了信息；加班的同事打来电话问候；住院的陈处长抱歉于不能亲自送行；英宝处长带着夫人专程来送一四三团的蟠

桃；孩子般的同事买了礼物送我；年轻的同事手书一首岑参的诗给我："大江盘金陵，诸山横石头。枫树隐茅屋，橘林系渔舟。种药疏故畦，钓鱼垂旧钩。对月京口夕，观涛海门秋。"

这些深情厚谊，就是牵系我的线，因为一群人而爱上一方山水，从此我就是兵团人，这里就成了我的故乡。

那一天，车子驶离兵团机关，我回头望了一眼，这个我曾经拍过它四季的大院，竟没有意识到这就是告别。

匆匆又匆匆，将办公桌收拾干净，资料放整齐，就像周一还会去上班。

周日的下午，走在卡子湾红光雅居C区的院子里，我摘了一朵蜀葵，夹在留言本里，就像我带走了沙漠里的胡杨枝、新疆田地里的棉花、天山上的松果和三角梅的花瓣，我还打算带走一盆在这里培育的多肉植物，以及援友从北京带来的落地生根的叶子。

东风农场的西梅

我揭下贴在墙上的每月拍的照片，整齐地放进箱子里，带着它们踏上归程。

此时此刻，怀念属于我们第九批的2017年，怀念10月的初雪，怀念和年轻人一起扫雪，怀念东风农场，怀念和玉苏甫哥哥一起去摘西梅，怀念工作队的厨房，怀念援友们制作的美食，怀念援友三人许下的愿望，怀念我带女儿去南疆的期许，怀念集体朗诵和男声小合唱，怀念“我是一个兵”的军事训练，怀念红光山的慢跑，怀念江布拉克带着露水的草原……怀念再也回不去的峥嵘岁月的美好时光。

援友三人在院子里散步，我说这是我们最后一个在这里散步的晚上了。电梯里告别，说了声“明天见”，这也是最后一次“明天见”了。

此时，已是14日的凌晨了。天亮时，就是分别时。聚是一团火，散是满天星，援友们即将奔赴四面八方。

还有很多没来得及说的告别话语，我都想放在起飞前的候机时刻。

离别因为匆忙而来不及伤悲，因为没有时间细品味。三年前离开南京时，我写下：“夜凉如水，花正开，人将去，此去经年路漫漫，再遇时分，流光可溯 ，启程。”

三年后即将离开新疆，援友送的教师节的鲜花还很新鲜，不禁感慨：“夜凉如水，花未谢，人将去，此去经年从头迈，再遇时分，流光可溯，再启程。”

祝愿兵团的同事们在艰苦的环境中再创辉煌，祝愿各位援友们在新的征程中再创新成就。我唯愿一直与你们同行。

三年时光　足够想念一座城

援疆三年，有几个相对固定的假期，一是国庆节，二是春节，三是劳动节。几次休假回家，亲朋都建议我早点结束援疆回南京，那时间，我只是微笑不语，心里想的是：既然已经启程，就好好享受旅程。

我知道，终有一天会只买一张单程票。乌鲁木齐50天的暂停键之后，日子由重启键变为加速键，这一天来得迅猛，让你没有时间酝酿任何情绪，甚至没有时间安静下来好好告个别。

等意识到这真的是一张单程票，再也不用在假期结束返回时，我已经和那座城市相隔3 000多千米了。

若是以往，今天应该收拾好了行李，乘坐下午的航班飞回乌鲁木齐，现在应该还在飞行中，尚未抵达。下了飞机，抵达卡子湾宿舍时，应该临近午夜了。

乌鲁木齐昨天下雪了，相比往年，早了10天，自此，边疆长达半年的冬季便开始了。再也见不到那么美的冬季了，大雪纷飞，雾凇满庭，几个援友走在落满了雪的路上。

离开乌鲁木齐的前几天，一位已经结束援疆，为了写一本有关援疆的书再次进疆的援友打电话给我，问我对援疆的感受。我说了很多感受，记得最清楚的是：“时间是有力量的。”

时间是有力量的，我们已经在不知不觉中成长了很多。三年时光，足够我想念一座城，一座边疆之城，因为一个使命，因为一群人。

今天，不再启程。再也不会像以前一样，走在一个院子里，拍下一个小树林的四季。三个四季，轮回向前，每一年的同一个月，景色也是不同的。也不会再和一帮年轻人一起，拿着扫把、铁锹、钢钎，打扫机关包干区的雪了。

我知道，再回去也是另一个旅程了。

大雪中的乌鲁木齐

“援友三人行”

援疆三年，你们陪我一程，我念你们一生。往后余生，我们一定会再见，但无论见与不见，你们都在我心里。

——援友（南大校友）

本文起笔于2020年10月13日深夜。今天，离开新疆已经1个月了，常常会想念卡子湾，想念兵团机关大院，想念援疆战友。以此文，记录一段峥嵘岁月里的友情。

中午时分，路过南京大学南园的大黑板，看见有很多涂鸦，一时兴起，便拿起粉笔随手写下“三人行”。去校园转了一圈，感觉身体里似乎有一股力量，带着我再次走到黑板前，等了一会儿，见无人经过，便旁若无人地补上了“援友”二字。

傍晚时分，买了一束洋甘菊，走在回家的路上，掐指一算，明天就是我1个月前离开乌鲁木齐的日子。时间已过午夜，就是今天了，10月14日。

一个月前的此时，我还在乌鲁木齐卡子湾红光雅居C区三号楼的一盏灯光下，急急忙忙地用文字为自己的援疆岁月做个总结，我写下“此去经年从头迈，再遇时分，流光可溯”。

北京的一位援友问我：“就三人啊？”我笑曰：“‘援友三人行’就是一个商标。”听我一说，援友心领神会。所谓“援友三人行”，就是指三个援友在同一个单位，因为王凯和田楠中期轮换，其实是四个人，我们建了一个群，名字就叫“援友三人行”，取“三人行必有我师”之义，更代表了三年一路同行的所有援疆战友们。

与北京援友聊及“九转十”（第九批援疆转为第十批援疆）的援友即将返疆，伤感之间，我问对方：“你还会想念新疆吗？”他回：“三年啊，时常想起。”我说：“我也经常想念那里。”

上午参加培训班开班典礼，有人问我：“您就一直在南京大学工作吗？”我说：“是，但援疆三年刚回。”提及“援疆”二字时，我感到十分骄傲。

2020年9月14日，写完日志，匆匆而眠。晨起，兵团发展和改革委的领导和同事已经到了楼下，我们的领队梁部长发微信关心我几点出发，忙乱得很，便没有及时回复。来自北京的援友们都同机返回，下午一起出发；而回南京的我，则单独出发去机场。

喊了陈主任和王凯帮忙拖箱子，到了楼下，梁部长已经站在单元门前，还有几位下午才出发的援友。组织部为大家准备了鲜花，梁部长让我稍等。我因为担心堵车，未敢久等，离开的时候，我笑嘻嘻地对梁部长说：“你欠我一束鲜花。”

陈主任和王凯帮我把箱子放到车上，我依然笑嘻嘻地对他们和身后的援友说：“回去吧，我走了。”

坐进车里，车门尚未拉上，泪水已如泉涌，直到真正要走的那一刻，才意识到这就是分别，再不敢回头，车启动，伴随的是我一路的泣不成声。在车子行进的过程中，我一边抽泣着，一边记录了下面这段话：

我以为我不会哭，我以为这只是暂别，我以为我们会很快再相见，在楼下和领导、同事、援友话别时，我依然笑靥如花，但是，上车关闭车门的刹那，鼻子一酸，再不敢看窗外人，泪流满面，泣不成声。

这就是一场离别，是我人生中很重要的一次离别。我哭着说，应该只让灵魂在路上。身在其中不觉得，要离开时，才真真切切意识到我们曾经经历了什么，拥有过什么，泣不成声。

此去经年从头迈，再遇时分，流光可溯。再见，新疆；再见兵团；再见，亲爱的战友们！今日再启程，祝福各位援友一路平安。此生与你们同行，真是莫大的幸福！

走在路上，想起此情此景的时候，正路过南京珠江路的一家咖啡馆，之所以记得这么清楚，因为那一刻，心疼了一下，鼻子酸了一下。回来后，鼻子一酸的情形明显变多了，不是我太多愁善感，而是因为感情太深厚。

我们离开家乡来到边疆，是艰难而孤单的，一个个的好似冬季机关大院里那些并排着的树。我们都有自己的归属，援疆结束后就会回到祖国的四面八方，就像我们的根盘结在地下各不相干，可是枝枝叶叶却在空中互相呼应着，支撑着。

我一直想写《卡子湾的朵颐记》和《东风农场的朵颐记》，美食的照片都存着，却一直未动笔，也许就像这一篇，在等一个机缘。

第一次在援友宿舍吃饭，清晰地记得是在2017年“大干五十天”期间，那时的我因为9月才入住卡子湾，熟悉的教师援友们都分散去了各个学校，和兵团机关的很多援友也都不熟悉，所以常常一个人哭，不是想家，而是有一种远在天涯就是客的飘零感。那是傍晚时分，接到全国人大援友的电话，邀请我下班后和几位援友去他宿舍吃饭。

也是那年的11月，我去了华东师范大学在新疆教育学院援疆的竺老师的宿舍聚餐，一帮教师援友，竺老师和他的夫人做了一桌上海菜，东华大学的陈校长亲自下厨小露了一手，都慰藉了我们的胃。

去过安徽晓辉的宿舍，去过和棉花打交道的谷子的宿舍，去过梁部长的宿舍，去过李主席的宿舍，去过我的对门、老家是高淳的老孔的宿舍，去过大伟的宿舍，去过自治区援友庄哥的宿舍，去的最多的是远刚、陈主任和旭哥（其实年龄小）的宿舍，尤其在即将返程的最后时光，他们做的每一顿饭菜，都温暖了那段岁月。

不会做菜的我，借着师弟、朋友寄来的螃蟹，也请援友来过我的宿舍，邀请的人一般不能到齐，因为大家常常晚上也开会、加班。援疆岁月里的这些家常美食，坚定了我们远离家乡的征程。

援疆于我，是人到中年的一次转场，这种因独特的经历而来的友情是援疆生活馈赠给我的礼物。

2017年9月11日中午，我第一次走进兵团机关食堂，独坐一隅，忽然听到有人提我的名字，我立即转身笑着说："就是我，就是我！"那是"援友三人行"的第一次照面，陈主任和田楠坐在一起，正在聊我这个新来的援友。

那时间，内心的孤独就像将爆的气球，从未想过在遥远的边疆会有陌生的声音喊出我的名字，而且还是我熟悉的、亲切的重庆普通话。

从2018年6月开始，"援友三人行"一起完成了无数次"结亲周”活动，我们一起去东风农场，入住三户亲戚家，认识了三家人，而我们也成了亲人。他们说，你的每一次欢笑和哭泣，我们都是见证者。也许正因为有他们在，我才能在经过一次次长夜泪流之后，总能随着太阳升起而变得明媚。

陈主任的厨艺是专业厨师的水平，2017年12月第一次“结亲周”时，就被老乡家的儿子阿布都误认为是“厨师”。我和田楠自然是打下手，王凯也和我一样，都是没有手艺却自带专业味蕾的美食家。

2019年2月24日，一个单位三个援友，田楠结束援疆，由新援友王凯接替，陈主任即将去新的领导岗位履职，“援友三人行”终将面对离别。

从节前就知道告别的剧目终将上演，我做好了充分的心理准备，直到田楠过来道别，说下午就要回北京了……我以为我能笑盈盈地对他说“一路平安”！没想到话音未落，已是泪眼婆娑，再不敢多说话。转身，已泪流满面。离别这门必修课，重修无数次，从不及格。

『援友三人行』一起去结亲

2018年10月23日的晚上，我们约定：“从第一人结束援疆之后，三人相约一年一期，相聚在东风农场。”这一心愿不知是否真的会实现，也许会在飞过天山时就散落在了雪峰上。但是，只要我们记得曾经一起援疆，一起结亲，做过同事，多年以后想起时依然感到亲切，就像亲人，心向往之，即达成。

王凯和我一直在一个办公室，中午还常常同去食堂，所以常被文铎援友描述为“姐姐带着弟弟援疆”。

“援友三人行”，其实是无数援友行，援疆路上，援友给予我温暖，赋予我力量，鼓励我前行。

“援友三人行”，其实也不仅仅是第九批援友，还有那么多援疆一代、二代的新疆同事，还有毅然决然选择去祖国边疆扎根的援疆战友们。

2021年元旦，谨以此文写给你们——我亲爱的援疆战友们。

《远去千里　深情仍近》，这个题目是借用一个留在兵团任职最高检的援友的，为了不侵权，我曾经发了微信给他，请求借用一下。他回复我，问我要用在哪儿。其实，想借用的时候并没想好要用在哪儿，只是觉得它说出了我内心的感受，一定会有机会用它来表达我的感情。

“远去千里，深情仍近”，这是我在2021年元旦写此文时的情愫。

那段岁月，那些人，会深刻地留在我的生命里，也会随着岁月流逝而逐渐褪色。今后，又会有新的人物和故事成为新的主角，人生总是这样浩浩荡荡地往前行进。

2020年的最后一晚，和认识了21年的学生们在一起。谈及三年援疆，谈及“民族团结一家亲”活动，谈及各种只有亲历才会懂得的风险艰苦，他们无法想象，说“你真勇敢”。

我想了想，感觉愧不敢当。我理解的勇敢是“明知山有虎，偏向虎山行”，而我最开始时更像是无知无畏，后来更多是不曾退缩。那些经历过许多依然挺身而上的人，才能担当得起“勇敢”二字。

认识无数兵二代，他们以及父辈都将自己的一生奉献给了边疆，他们才是勇者。

我没有和陈阳处长当面告别，他手术出院后即赴南疆担任第一书记。一位年轻的副处长，在南疆团场工作两年刚回机关。一批一批的干部，踏上漫漫征程，他们才是勇者。

我们从条件优越的城市奔赴艰苦的边远地区，这固然可赞，但是我们的工作是有期限的，一年、一年半、三年、六年。我所工作过的部门领导，有四位都是从北京去兵团任职的，刘局长、孙主任、于主任、邢主任，还有很多，他们才是勇者。

我去过武汉和天水，去考察两位公务员考生，后来他俩都去兵团报到了，成了兵团的一员。挂职单位的年轻人居多，大多是大学毕业后自己选择去兵团工作的，他们才是勇者。

今天，接到很多援友的新年问候，这些来自千里之外的情意，瞬间就将我拉回到那个熟悉的、留下了我足迹的地方。

学生们问了我一个被问了无数次的老问题："结亲活动有用吗？"今天，新年的一大早，我接到了来自东风农场的两条信息。一条是哥哥家的大儿子阿卜杜喀迪尔发来的："即使年年不见，也愿你岁岁平安！新年快乐，万事胜意！姑姑。"另一条是二侄子努尔艾力发来的："新年快乐，身体健康，万事如意，长命百岁！"

我想起即将离开乌鲁木齐时，玉苏甫哥哥让努尔艾力和我联系，要寄自家种的西梅给我。5月份去的时候，虽然已经告过别，但是心里一直没有觉得真要分别了，我答应哥哥要带乐乐去农场，去看舅舅一家。我相信这些孩子会像一家人一样相亲相爱。

翻看援友们的合影，这些曾经在遥远边疆一起战斗的援友们，此时已经像星星般散落在祖国的四面八方，彼此照耀。

北京的王凯和重庆的陈主任竟然因为同一项工作相见在另一座城市，这是缘分的延续，战友情的延续。

那天学校的讲座结束后，机关党委的同事问我是不是认识北京的一位南京大学新闻与传播学院的校友。当然啊，我和他三年同住一栋援疆楼，同在一个机关大院办公，还常常在援友宿舍聚会。

参加安徽军转干部培训班的开班典礼时，我谈及在安徽有一位很熟悉的援友时，心里很是骄傲。

“九转十”的援友发了一张没有标志的图，我却一眼就认出了那是我们住了三年的院子的拐角，无数次散步经过的角落，边上的栅栏在秋天时会被红叶覆盖。另一位“九转十”的援友发信息问我要新一轮各省市对口援疆前方指挥部的通讯录，招商引资任务需要，并笑问我在山清水秀的江南可好。还有“九转十”的援友会偶发几张红光山的景象，那是我们常常去散步的地方，一圈刚好5 000米。

我在写我的援疆故事，但是，那里面的我只是一根线，只是一个骨架，血肉经脉则是这些人和他们的故事：我的亲戚，我的同事，我的援疆战友们。

学校又有两位老师要赴新疆，开始援疆的新征程。我的战友们还在那里坚守，建设边疆。

远去千里，深情仍近。

这是我离开新疆、告别兵团3个半月后的第一个新年。2020年元旦，我还在乌鲁木齐和各省市的援友们一起参加集中排练，演出诗歌朗诵《援疆深情满天山》；2020年1月，我还在和援疆战友们一起扫雪，一起参加联欢会，一起朗诵《边塞初作》和《不忘初心》。

2021年元旦，谨以此文写给你们，我亲爱的援疆战友们。

我知道，明年的新年，会是新篇章。

今年的新年，你们是我生命中当仁不让的主角，是今年的主色调、主旋律。

相聚有时，后会有期。祝福你们，新年快乐！

后记

坦然于未完成

因为要完成这本书，2021 年的整个寒假和春节我都没有回家，独自一人留在南京，每天睡三四个小时，中午眯 15 分钟。

2021 年 2 月 24 日零时，我关闭电脑，交上第一稿。

本以为会很轻松，享受完成一事的愉悦感，没想到心里反而更加惴惴不安，总觉得还有很多未尽之言、未写之事。即使是落在纸上的，也觉得还有很多的不足。写作焦灼时，也产生过为什么要整理、撰写这本书的疑惑，质疑它的价值所在。

2021 年 2 月 25 日，全国脱贫攻坚总结表彰大会召开，并庄严宣告，经过全党全国各族人民共同努力，在迎来中国共产党成立 100 周年的重要时刻，我国脱贫攻坚战取得了全面胜利！无论是雪域高原、戈壁沙漠，还是悬崖绝壁、大石山区，脱贫攻坚的阳光照耀到了每一个角落，无数人的命运因此而改变，无数人的梦想因此而实现，无数人的幸福因此而成就！

“我们爱挂国旗，因为国旗最吉祥。”“脱贫攻坚路上有千千万万的人，我真的就是其中一个小小的石子。其实走到最后，走到今天，虽然有苦，还是甜多。”“把论文写在大地上，那才叫真本事。”

这一彪炳史册的人间奇迹，这些扶贫路上的朴素话语，再次将我拉回到刚刚搁笔的三年援疆记忆。

广东省对口援疆前方指挥部荣获“全国脱贫攻坚先进集体”光荣称号，这个集体里的很多人我都认识，广东援建的喀什地区和兵团第三师是我援疆三年去的最多的地方，那里还有我的维吾尔族亲戚，我为曾经和他们一起战斗而感到无比自豪。

如果说援疆是千万人汇成的奔腾大河，那么我只是其中一滴小小的水珠，虽然有艰难困苦，但是相比于自己的收获，那些都显得微不足道。回望三年的援疆路，作为援疆的一分子，亲身参与并见证历史，我感到无比骄傲。

我所记录的都是自己三年的所见所闻，都是自己的一些细微感受，讲的都是遇见的普通的兵团人、援疆人，都是些混着泥土的普通故事。它们于我而言，就像一颗颗散落一路的珍珠，这次写书就是为了走回去，把它们给捡起来，串起来。

如果说这本书还有些意义，那就是透过我这滴水珠，折射出太阳的光辉。

我用《坦然于未完成》作为后记的题目，想表达的不是满足于没有完成工作，而是要树立“功成不必在我”的情怀。只要我们一件事情接着一件事情办，一年接着一年干，接续奋斗，就一定能够完成任务，取得一个又一个胜利。

正月十五，我利用周末匆匆赶回老家看望家人，看着年老体衰的父母，心有愧疚，没想到父母反过来安慰我，先做好自己该做的事情，我们不用你牵挂。给婆婆打电话，婆婆说你写完了啊，真厉害。

感谢我亲爱的家人对我三年援疆的支持，以及对我写这本书的支持。感谢先生和女儿对我的鼓励，不只是这三年援疆和这本书，还有漫漫前程。

感谢我的记录里出现的人物和更多未曾出现的援疆战友，正是因为你们，我才串起了这散落一地的珍珠。

感谢南京大学对我的信任和大力支持，让我拥有这样一次锻炼成长的机会。

感谢江苏凤凰教育出版社对这一主题的认可，感谢王瑞书总编辑、戎文敏副总编辑、李明非主任、张金风主任、周敬芝主任、刘芳老师对我的专业指导和悉心帮助，让我受益匪浅，获益良多。

2021 年 3 月 30 日

图书在版编目（CIP）数据

我与兵团有个约定：一位大学教师的援疆日志 / 石红梅编. -- 南京：江苏凤凰教育出版社，2022.9

ISBN 978-7-5499-9366-6

Ⅰ. ①我… Ⅱ. ①石… Ⅲ. ①生产建设兵团 - 社会主义建设成就 - 新疆 Ⅳ. ① F324.1 ② F327.45

中国版本图书馆 CIP 数据核字（2022）第 178529 号

书　　名　我与兵团有个约定——一位大学教师的援疆日志
编　　者　石红梅
责任编辑　刘　芳　戎文敏
装帧设计　张金风
出版发行　江苏凤凰教育出版社（南京市湖南路 1 号 A 楼　邮编：210009）
苏教网址　http://www.1088.com.cn
照　　排　江苏凤凰制版有限公司
印　　刷　南京爱德印刷有限公司
厂　　址　南京市江宁区东善桥秣周中路 99 号，邮编：211153
开　　本　787 毫米 ×1 092 毫米　1/16
印　　张　26
版　　次　2022 年 9 月第 1 版
印　　次　2022 年 9 月第 1 次印刷
书　　号　ISBN 978-7-5499-9366-6
定　　价　98.00 元
网店地址　http://jsfhjycbs.tmall.com
公 众 号　江苏凤凰教育出版社（微信号：jsfhjy）
邮购电话　025-85406265，025-85400774
盗版举报　025-83658579

苏教版图书若有印装错误可向承印厂调换
提供盗版线索者给予重奖